职业精神

Professional

spirit

胡子君·著

今天工作不努力，明天努力找工作。

「是金子早晚要发光」，努力工作，你才不会被埋没。

努力工作，最终是为了你自己。

中华工商联合出版社

图书在版编目（CIP）数据

职业精神/胡子君著. ——北京：中华工商联合出

版社，2016.7（2021.7重印）

ISBN 978-7-5158-1701-9

Ⅰ.①职…Ⅱ.①胡…Ⅲ.①职业社会学－通俗读物

Ⅳ.①C913.2-49

中国版本图书馆CIP数据核字（2016）第140689号

职业精神

作　　者：	胡子君	
责任编辑：	郑承运　李　瑛	
封面设计：	吕丽梅	
责任审读：	李　征	
责任印制：	迈致红	
出版发行：	中华工商联合出版社有限责任公司	
印　　刷：	唐山富达印务有限公司	
版　　次：	2016年10月第1版	
印　　次：	2021 年 7 月第 6 次印刷	
开　　本：	710mm×1000mm 1/16	
字　　数：	260千字	
印　　张：	16	
书　　号：	ISBN 978-7-5158-1701-9	
定　　价：	78.00 元	

服务热线：010-58301130

销售热线：010-58302813

地址邮编：北京市西城区西环广场A座

19-20层，100044

http://www.chgslcbs.cn

E-mail: cicap1202@sina.com（营销中心）

E-mail: gslzbs@sina.com（总编室）

工商联版图书

　　在瞬息万变、竞争激烈的职场中，你需要明白，你是在为自己工作。只有自己能力提升了，未来才会有更大的发展空间。工作是为自己，在工作之中莫抱怨，对工作负责就是你最好的选择。积极工作，从工作中获取快乐和尊严，才能最终实现人生价值。

　　要成为职场中的"凤毛麟角"，要在芸芸众生中鹤立鸡群，要成为企业不可替代的人，要活出属于自己的精彩，就要不遗余力地在工作岗位上展示自己的才华和忠诚，要竭尽全力地去奋斗。

　　本书从十个方面入手，教你如何守住自己的工作岗位，让你从各个角度了解"狼"的精髓。从不同层面向你讲述"狼"的内涵，让你在激情澎湃中学会驱动自我，让你在潜移默化中感受"狼"的深意，从而实现从平凡到卓越的蜕变。

　　如果工作令你失去动力，请从第一章读起。世界上大多数人都在为薪水而工作，如果你能为自己的成长而工作，你就迈出了成功的第一步。

　　如果工作的乏味使你感到厌倦疲惫，请从第二章读起。扪心自问，这一年，你多少次对工作抱怨了？

　　如果工作的重压使你感到力不从心，请从第三章读起，多为公司想一想。记住，公司跟你不是对立的。

如果工作使你产生抵触情绪，请从第四章读起，工作中完美执行，不找借口，是员工成功的基本准则。

如果工作的意义使你感到迷茫困惑，请从第五章读起，态度就是竞争力，积极的工作态度是你脱颖而出的关键砝码。

本书中阐述的观点，会帮你拓展看世界的视角，同时也会给你的思维方式带来强有力的冲击，使你在潜移默化中转换工作的心态，在无声无息中完善你的人格。你可以从本书中汲取精华，为你的生活和工作积累宝贵的经验和智慧，使你所做的每项决策都深深地激励着自己、鼓舞着他人。

无论你是管理者，还是普通职员，工作"狠"一点都能使你从竞争中脱颖而出。你的老板、委托人和客户会关注你、信赖你，从而给你更多的机会。

第一章

工作要"狠"，岗位才稳

　　每个人都需要工作，而不是工作需要你去干，你不去工作，照样有人会去干。

第二章

工作之中莫抱怨

　　我们应该做的是全面地认识自己的公司，每天去观察它的成长和自己的成熟，从公司和公司的同人那里学习知识和技巧，充分利用公司的现有资源，努力做好自己的手头工作，而不是盲目地抱怨。

第三章

多为公司想一想

公司是一个全体员工生存和发展的平台。

第四章

完美执行，工作不要找借口

现代社会是一个讲究效率的时代。

第五章

态度就是竞争力

在企业中，我们可以看到形形色色的人。

第八章

细节到位，做好小事成就大事

在工作中，任何细节，都会事关大局，牵一发而动全身，每一件细小的事情都会通过放大效应而凸显其巨大影响。

第九章

让自己融入公司的环境

实现自身的进步和促进公司的成长是每一位员工义不容辞的责任，只有不断成长的员工才能为公司创造更大的价值，只要你也是这样去想去做，你就会成为公司的支柱。

第十章

时刻保持积极心态

俗话说："山不转，路转；路不转，人转。"

第一章

工作要"狠"，
岗位才稳

　　每个人都需要工作，而不是工作需要你去干，你不去工作，照样有人会去干。但是，如果你没有一份工作，你就没有生存的根本，所以我们必须有一份自己的工作，我们每个人都应该好好地珍惜自己的工作。珍惜工作，就要努力工作，只有努力工作的人，才不会被工作抛弃。只有努力工作，我们才会把工作做到最好。

工作多做一点，地位就高一点

这个世界就是这样：我们付出得越多，才能收获越多；已经收获的任何东西，都是之前努力付出的回报。特别是对于期待成功的人来说，除了努力、不懈地努力，没有更多的捷径好走。任何一个上进心强的人，都希望自己比别人更加出色，但怎样才能超越他人？最可靠的办法，就是比别人多付出。想超越他人多少，就要比他人多付出多少。付出越多，成就才可能越大。

美国钢铁大王安德鲁·卡内基曾经说过这样一句话："像猎豹一样找准时机，主动承担富有挑战性的工作，你就可以使自己的能力得以充分的发挥和展示，你的能力也一定可以得到上司的认可。"

在职场中，总是有这样的员工：他们认为只要把自己的本职工作做好就足够了。对于上司安排的额外工作，总是不情愿、不主动去做。这样的员工，自然不会获得上司的青睐。实际上，只有在工作中多做一点，才可能得到更多的表现机会。时代在发展，公司在成长，员工个人的职责范围也在随之扩大。不要总是打着"这不是我的分内工作"的旗号来逃避责任。当额外的工作分配到自己这里时，不妨视之为一种进步的机遇。

潘德斯在一家五金店做事，每月的薪水是50美元。有一天，一位顾客买了一大批货物，有铲子、钳子、马鞍、盘子、水桶、箩筐等。这位顾客过几天就要结婚了，提前购买一些生活和劳动用具是当地的一种习俗。货物堆放在独轮车上，装了满满一车，骡子拉起来也有些吃力，顾客希望潘德斯能帮他把这些东西送到他家去。其实送货并非潘德斯的职责，潘德斯完全是出于自愿为客户运送如此沉重的货物。

途中车轮一不小心陷进了一个不深不浅的泥潭里，顾客和潘德斯使尽了所有的力气，车子仍然纹丝不动。恰巧有一位心地善良的商人驾着马车路过，帮潘德斯他们把车子拉出了泥潭。

当潘德斯推着空车艰难地返回商店时，天气已经很晚了，但老板却并没有因潘德斯的额外工作而称赞他。一个星期后，那位商人找到潘德斯并告诉他说："我发现你工作十分努力，热情很高，尤其我注意到你卸货时清点物品数目的细心和专注。因此，我愿意为你提供一个月薪500美元的职位。"潘德斯接受了这份工作。

和潘德斯一样，在实际工作中，我们应该多做一些分外的工作，说不定这些额外的付出就是你走向成功的开始。

比别人多做一点是一个良好的习惯。你没有义务做自己职责范围以外的事，但是你却可以选择自愿去做，来驱策自己快速前进。率先主动是一种极珍贵、备受看重的素养，它能使人变得更加敏捷，更加积极。无论你是管理者，还是普通职员，"比别人多做一点"的工作态度能使你从竞争中脱颖而出。你的老板、委托人和顾客会关注你、信赖你，从而给你更多的机会。

一个成功推销员曾用一句话总结他的经验："你要想比别人优秀，就必须坚持每天比别人多访问5个客户。""比别人多做一点点"，已经成为很多职场杰出人物共同信奉的职业信条。

工作多付出一点点，就能令你在公司里脱颖而出，这无论是对于普通职员还是对于管理人员，都是一样适用的。每天的工作都能多付出一点点，上司和客户就会更加信任你，发自内心地对你更加尊重，并赋予你更多的机遇。因为在很多时候，分外的工作对于员工来说，是一种考验。能够把分外的工作做好，就是能力的最佳体现。

比别人多做一点点可能会占用你的时间，可是，你的做法会为你赢得良好的声誉，并让他人更多地需要你。

著名的管理咨询专家约翰·坦普尔顿经过大量的调查研究，发现了一个很重要的规律："多一盎司定律"。他指出，取得突出成就的人与取得中等成就的人几乎做了同样多的工作，他们所做出的努力差别很小——只是"多一盎司"。一盎司只相当于1/16磅。但是，就是这微不足道的一点点区别，却会让你的工作大不一样。

这好比两个人参加马拉松比赛，在奔跑两个小时以后，都已经完成了42千米的赛程，还有不到200米，就将到达终点。当时的情况是，两人都十分劳累、难受。前者选择了放弃，而后者则坚持了下来。相对于他跑过的漫长路程，余下这一段短短的距离所具有的价值和意义是不言而喻的，没有这几步，此前的努力将变得毫无意义；有了这几步，他就成了一个征服马拉松的胜利者。取得中等成就的人只是少跑了几步，不幸的是，那是最有价值的几步。

成功者必须知道在必要的时间超时地工作。比别人多做一点点，你就能够在工作和事业上赢得更多的发展机遇。著名的企业家杰西·彭尼说："除非你愿意在工作中超过一般人的平均水平，否则你便不具备在高层工作的能力。因此每个年轻人都应当尽力去做一些职责以外的事，而不是像机器一样只做分配给自己的工作。

每天多做一点，初衷可能并非为了获得回报，但往往你会因此而得到更多：

第一，在养成了"每天多做一点"的好习惯之后，与身边那些尚未养成此习惯的人相比，你已经占据了优势。这种习惯使你无论做什么行业，都会有更多的人知道你并要求你提供服务。

第二，如果你想让自己的右臂变得更加强壮，只有一种办法就是利用它来做最艰苦的工作。反之，假如长时间不使用你的右臂，让它养尊处优，最后只能使它变得虚弱甚至萎缩。

社会在进步，个人的职责范围也会跟着扩大。不要总拿"这不是我分内的工作"为由来推脱责任。当额外的工作分摊到你头上时，这也可能是一种机遇。

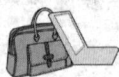

用心做好工作中的每一件事

法国著名的印象派画家克劳德·莫奈有这样一幅作品：画面上画的是修道院里的场景。有几位正在全神贯注工作的天使，其中一位在架起水壶烧水，另一位在提水桶，还有一位身着厨装的天使正伸出手去端盘子——即便是生活中最平凡不过的小事，天使们都认认真真地对待。

工作中的任何一件小事，都值得我们用百分之百的精力去努力做好。海尔集团总裁张瑞敏说过："把每一件简单的事做好就是不简单，把每一件平凡的事做好就是不平凡。"海尔集团办公大楼的每一块玻璃都清晰明亮，是因为员工每天都将每块玻璃逐一擦拭。擦拭玻璃很简单，每天都这样来回的重复，如果只是做一天，对谁来说都非常容易，但如果是一年三百六十五天都这样做，那就是件很不容易的事。做好工作中的每一件小事，对每个员工来说，也是一种对理念和素质的考验。

把工作做到位，是优秀员工的最基本要求。要知道，工作之中无小事。可以说"工作就怕不到位，到位才会有好位"。如果下属因为工作不到位而出现事故，直接的领导也负有连带责任。任何领导都喜欢认真对待工作的员工。有了好的空缺职位，领导也会优先考虑提拔这样的下属。

一分辛勤，一分收获！用心做事，自然会得到回报，不用心做事，自然是一无所获。

刘权大学毕业后来到北京，应聘到一家公司工作。入职不久，他发现公司的员工都住在公司的宿舍里，只有他没有宿舍，还得自己租房住。于是刘权找到老总，要求也搬到宿舍去住。老总告诉他，公司目前宿舍很紧张，一时间安排不开，希望他再等一段时间。过了一个多月，刘权还是没能搬进公司的宿舍，这使他开始对公司和老总产生了抵触情绪，工作中也是心神不宁，时常出错，为此没少挨领导的批评。其实刘权也想认真做好工作，但是一想到整个公司只有自己在租房住，心中就很不是滋味。心态失衡直接导致他的工作业绩不断下降，最后，刘权不得不离开了这家公司。

离职以后，刘权回到湖北老家的一家国有企业工作。这份工作相对稳定，又可以和家人团聚，刘权很珍惜这次机会。心态踏实下来以后，刘权总是能按时完成领导布置的工作，此外还总想出新点子。在一年多的努力工作中，刘权因为工作表现突出，多次得到领导表扬。快过春节了，老总把刘权叫到自己办公室，笑着对他说："小刘，你来公司一年多，工作表现非常出色。你那些新点子，很多派上了用场。应用在生产和销售中，提高了生产效率，开拓了营销渠道，为咱们公司创造了相当大的利润。公司领导班子对你的表现非常满意，决定分给你一套90平方米的房子。这是房子的钥匙！"

刘权大为惊讶，他没想到自己的用心工作，为自己换回了如此大的回报。静下心来一想，原来自己能有今天的成就，完全是用一份对工作的责任心换来的。

著名的华人首富李嘉诚曾经说过："一个用心工作的员工，我们应该发给他双倍的薪水。"不言而喻，用心做好工作中每一件事的员工，才是企业的真正财富，才是企业真正需要的人。

认真工作，不仅是一种良好的态度，更是一种良好的职业素养。表面看来，员工的工作是为了公司发展，直接令老板受益，但其实最终受益的还是员工自己。

赵大爷三年前下岗后，经朋友介绍到一家工厂做仓库保管员。尽管这份工作并不累，只是每天按时做好关灯、关闭门窗、注意防火防盗等工作，但赵大爷却做得非常认真：他每天都细致地做好入库和发货记录，把仓库中的货物码放得整整齐齐，每天都不忘记对仓库的各个角落进行打扫……

做好工作中的每一件小事，首先要在观念上对小事有个正确的认识。大事是由若干小事构成的，世上无小事，对每一件小事，都应该当成一件大事来做。认真、踏实、勤奋地做好每一件小事，才是优秀员工的工作准则。将小事做细，就是要将小事做到位、做透彻，而且要用心去做，因为只有用心，才看得见细节的实质。工作是我们衣食住行的保障，认真对待工作中的每一件事，才是真正对自己负责，才是真正的聪明。

有一位普通的中学教师，她每天不是第一个到学校的人，也不是最后一个离开学校的人。她的人生信条就是：不放过工作中的每件小事。无论是晨会，还是早操；不管是教室的卫生，还是孩子们的每一次作业，她都是认认真真地对待，踏踏实实地完成。学期结束，她既没有在报刊上发表很多的文章，更没有带出尖子生，但学校依然将她评为"优秀教师"，家长们对她的评价也很高。在总结工作经验时，她说的唯一一句话就是："我干好了学校交给我的每一项工作。"

不要小看这样简单的一句话，里面有太多的东西值得人思考。做好每一件事，说起来很简单，做起来却很难，某些细节甚至需要我们用自己的毕生心血去做。认真做好小事，其实也就是在完成大事。"不积跬步，无以至千里。不积小流，无以成江海"，说的就是这个道理。

工作中的每一件事都值得我们去认真去做。千万不要轻视自己在工作中所做的每一件事，即便是最普通的事，也应该全力以赴地去做。能够顺利完成小的任务，就有收获大业绩的可能。

事实上，无论从事什么工作，只要用心踏踏实实去做，都能有或多或少的收获。世界上没有夕阳型产业，只有夕阳型思维。即便是在看似平凡的职业中或是极其低下的位置上，也往往隐藏着大量属于自己的机会。

珍惜当下的工作岗位

俗话说，珍惜才会拥有，感恩才能天长地久。很多人总是对自己当下所拥有的东西视而不见，反而去追求那些并不是自己真正想要的东西，直到失去本来拥有的东西时，才后悔不迭。

工作岗位是每一个员工在职业生涯中行进的基础，是实现自己人生价值的最基本的舞台。珍惜当下的工作岗位吧！不仅因为你需要这份工作维持眼前的生活，还因为在这份工作中，你在为自己实现未来更高的目标默默地积累着能力和阅历。

在信息时代，年轻人想找一份称心如意的工作已经越来越困难了。国内曾经有学者指出：当前，我国已经进入充分就业的良性劳动力供需状态。所谓的充分就业，就意味着在劳动力市场中，将保持一定的失业率。在竞争激烈的社会中，总会有人相继失去自己的工作，相比之下，你的工作岗位更显得弥足珍贵。

有"战地玫瑰"美称的凤凰卫视记者闾丘露薇在成名后接受媒体采访时，道出了自己不畏劳苦、不惧死亡，数次深入战火遍地的阿富汗和伊拉克忘我工作的动力："因为我在香港生活，每个人都很实际。我现在最要紧的事情，就是要有一份稳定的工作，然后能养我的家、我的孩子，供我的房子，然后我才能想一想自己希望过的生活。"

在现实生活中，很多人拥有一份令人羡慕的工作，然而，他们却"身在福中不知福"，有些人甚至把工作当成负担，抱着"混日子"的态度，"当一天和尚撞一天钟"。尽管拥有良好的工作平台和舒适的工作环境，却没有把心思放在本职工作上，把精力用在自己的岗位上，更多的是贪图享受，领完这个月的工资，就开始数着日子，等待下次发工资。这样的人岂能被企业重用？

我们实在没有理由把当下的工作视为权宜之计敷衍了事，而是应该立足于现实，调整好自己的心态，认真地做好手头的工作。其实，无论从事任何工作，都应该抱着"不干则已，干就要干好"的态度，这是一种对自己、对工作负责的态度。

人们在工作中一帆风顺的时候，当然不会抛弃自己的工作岗位；当身处逆境、遇到困难的时候，更要珍惜自己的工作。只有珍惜自己的工作，才能对工作、对事业产生热爱，才能释放出对工作的积极性和创造性，才能百分之百地投入到工作中去，把工作视为自己的美好追求。

总结职场失败者的经验教训，发现有一个共同点：某些人在职场上春风得意之时，就已经有潜在的危机了。

美国康奈尔大学曾经有一个非常著名的"青蛙试验"。把一只健康的青蛙投入盛有沸水的锅中，青蛙感受到热度，意识到危险的存在，拼命一纵就跳到了锅外。随即，试验人员又把这只青蛙放进盛有冷水的锅中，而后慢慢加热。一开始，青蛙在水中畅游，毫无感觉。几分钟后，锅里的水温渐渐升高，青蛙也丝毫没有感觉到危险的到来。最后，原本活蹦乱跳的青蛙竟然被活活煮死了。

"生于忧患，死于安乐"的现象也常常发生在职场员工身上。每个人都不能回避这样的现实：人首先需要生存，需要养活自己和家人，在此基础上才谈得上实现个人的理想和追求。随着经济的发展，越来越多的高学历、高能力人才大批涌入职场，工作职位的竞争也日趋激烈，"今天工作不努力，明天努力找工作"这句话也成为许多企业的员工的座右铭，用以激励自己树立对职业的危机感，督促自己加倍努力工作。

当下的时代，是一个追求效率的时代，没有任何企业能够在效率低下的状况下得到良性发展。有远大发展目标的企业，必然实行"能者上，庸者下"的岗位竞争原则，必然会让那些工作不努力、不珍惜自己工作的员工腾出位子。企业的员工们也普遍认为，要想不失业，唯一的办法就是珍惜自己现在的工作岗位，不断努力学习，不断提高自己的能力。否则，自己的工作岗位就有可能被别人取代，就如同温水中的青蛙一样，被企业淘汰。

在一个单位中，有五个年轻人，由于对当前的工作环境和薪金待遇不满，先后申请停薪留职，另谋高就。数年后，他们中间只有一个人有了自己的事业，其他四个人都是信心爆棚地离开，灰头土脸地回来。当他们看着原本属于自己的工作岗位被后来者稳稳占据，内心当中充满了对当初做出鲁莽决定的悔恨和对现实的无奈。实际上，他们曾经都是意气风发、理想远大的年轻人，因为年少轻狂，对自己当前的工作不放在眼中，做出了轻易放弃的选择，造成了一生的遗憾。

想想吧，如果我们不懂得珍惜自己的工作岗位，有朝一日失业，那时再求职，就不再有年龄的优势，也失去了朝气蓬勃的劲头，还要面对适应新行业、新环境的问题，与遍地求职的硕士毕业生、博士毕业生竞争，更没有学历优势。那时的我们，该如何找到自己新的定位，该如何生存呢？

　　当你打算在工作中懒懒散散、投机取巧的时候，请想一想你的工作是否来之不易，再想一想当下的工作岗位是不是自己的立身之本，最后再想一想，尽管自己渴望成功，但是否在工作中足够努力地提升自己。

　　在我们的一生中，大部分时间是在工作中度过的，工作的成败，可以视为我们人生的成败。工作就是我们人生最大的舞台，珍惜自己的舞台，你才会在舞台上表现得更加精彩。

　　不是工作需要你，而是你实实在在地需要一份工作。为了生存、为了发展，珍惜你当下的工作岗位吧！

忠诚于企业，企业必将给你回报

在一项对世界500强企业的部分总裁所做的调查中，当问到"您认为员工最应该具备的品质是什么"这个问题时，总裁们无一例外地选择了两个字：忠诚！知名企业用人的第一准则，就是重用忠诚于企业的员工。

忠诚是一种职业生存方式。如果你选择了为某一个公司工作，那就真诚地、负责地为它干吧；如果它付给你薪水，让你得到温饱，那就称赞它，感激它，支持它，和它站在一起。

忠诚的员工永远都是企业领导的最爱，也是企业最宝贵的财富，因为企业做大做强，离不开忠诚员工的努力。

在人生的道路上，需要发挥杰出的才智做出重要决策的机会并不多，但需要用实际行动去落实的小事却比比皆是。企业需要一些员工运用勤奋、智慧和能力去开创事业，但也需要一大批员工用忠诚固守既得的事业。因此忠诚的员工往往被领导委以重任。只要你表现出对企业足够的忠诚，就能够得到领导的关注，领导也乐于在你身上投资，给你培训的机会，使你提高工作技能，因为他认为你值得信赖。

员工忠诚于企业，实际上就是忠诚于自己。忠诚不等于需要阿谀奉承，更不是用嘴巴说出来的，它需要经受考验，具体表现在你的行动中。对企业的忠诚，可以表现在许多方面：关心企业的发展、维护企业的利益、为企业节省开支、维护企业的名誉、不说对企业不利的话、经常为企业提出合理化建议,等等。

有一家外资企业打算招聘一名技术人员,待遇是月薪8000元。应聘者蜂拥而至。

小魏原来是一家国有企业的技术人员,因为单位效益不好,他也下岗了。这次,他也参加了应聘。由于已经有过丰富的工作经验,专业技术类考题小魏答得十分圆满。但第二张考卷的两道奇怪的题却令他大为头疼:"您所在的企业或曾任过职的企业经营成功的秘诀是什么?有哪些独特的技术秘密?"

实际上,这两道题对于曾在国有企业搞过技术的小魏来说并不难。但小魏犹豫再三,始终下不去笔。他想到:原单位数百名职工就靠这点积累下来的技术吃饭,我为了找工作透露了原单位的技术秘密,不等于砸了他们的饭碗吗?

他毅然挥笔在考卷上写下四个大字:"无可奉告!"

小魏心情沉重地回到家中,妻子一再追问,他才道出了答题的苦衷,妻子也很通情达理,没有埋怨他。

正当小魏四处奔波找工作之际,前些天去应聘的那家外资企业出人意料地发来了录用通知。录用通知上赫然写着:你被录用了:不仅因为你的能力与才干,还有我们最需要的——维护公司利益。

对于员工来说,忠诚于企业,能够带来安全感和归属感;对于企业来说,员工的忠诚不仅能带来经济效益,还能够增强企业的凝聚力、提升企业的综合竞争力。可以说,员工的忠诚,是企业的生命线。

有一位外贸公司的总裁曾经说过:"我的用人之道中一个很重要的

标准就是忠诚。当我们争论一个问题时，'忠诚'意味着你把自己的真实想法告诉了我，不管你认为我是否喜欢他，是否意见与你不一致。在这一点上，让我感到非常兴奋。但是一旦我做出了决定，争论就应该终止，从那一刻起，忠诚意味着必须按照规定去执行，就像执行你自己做出的决定一样。"

每个企业的领导，最憎恨的就是背叛。忠诚不仅是一种责任、一种义务，更是一种极其高贵的品格。每一个员工都有责任去信守对企业的忠诚，这是对自己所秉承的信念、所从事的工作的最大的保护。丧失了忠诚，是对责任的巨大伤害，也是对个人品行和操守的亵渎。

某航空公司因为业务需要，在国内招聘空姐。有一个应聘的姑娘各方面的条件都很出色，航空公司的人力资源主管很看好她。在面试即将结束的时候，主管又提出了一个问题："我公司准备在国外对新招聘的空姐做三个月的培训，你将在相当长的一段时间内远离自己的祖国和亲人，在情感上你能适应吗？"

这个姑娘回答："我从小很自立，早已经习惯了自己生活。说到出国，我更是早就有这方面的打算了。说实在的，这个国家我早就待腻了，在国内一点发展都没有。我一直憧憬着国外的生活，出去可以多见见世面。"主管听到姑娘的这番话，脸色很不好看，提起笔来在她的应聘资料上打了一个大大的叉。后来主管对其他人解释道："一个对自己国家都不忠诚的人，又怎么会对公司忠诚呢？"

一位成功学家说过："如果你是忠诚的，你就是成功的。"

忠诚于公司，你将很有可能收获以下回报：

（1）获得公司、老板、上司、同事对你的忠诚。

（2）让你有一个稳定的工作，而不至于像不忠诚的人那样总是漂泊。

（3）让你受到老板的重视，有机会成为老板重点培养的对象，从而获得晋升。

（4）让你的才华有一个施展的天地，忠诚的人从来不会怀才不遇。

（5）让你比不忠诚的人获取更多的物质回报。

（6）让你分享公司的荣誉，并从内心深处体会到这份荣誉带来的快乐，而不忠诚的人根本就不可能体会到它。

（7）让你的能力、品质随着企业的发展而成长，让你的个人品牌更具有价值。

（8）让你良好的口碑传遍整个行业。

（9）让你面临更多的发展机会。忠诚的员工总是会被各家企业争相聘用。

（10）让你工作精益求精，成为专家级的人物。

忠诚，不仅能让一个员工获得更多的成功机会，更重要的是，它使员工收获了弥足珍贵的美德，而且无论到任何时候，这种美德都不会贬值。如果你渴望成功，就对企业保持忠诚，并让它成为你的工作准则吧。企业的领导决不会对你的忠诚视而不见，你对企业的忠诚，换来的将是企业为你升职、加薪，工作中放手让你独当一面这样的回报。

永远超过老板的期望

在工作中，如果你完成的每一项工作都达到了老板的要求，那么很好，你称得上是一名称职的员工，你不会失业，或许还可以得到晋升，但你永远无法给老板留下深刻的印象，永远无法成为老板的重点培养对象，也永远无法在公司中达到你事业的顶点。只有超过老板对你的期望，你才能让他的眼睛一亮，才能让他在遇到一些高难度工作的时候想起你，给你一个锻炼的机会。

一家外贸公司的老板要到美国办事，且要在一个国际性的商务会议上发表演说。他身边的几名要员忙得头晕眼花，甲负责演讲稿的草拟，乙负责拟订一份与美国公司的谈判方案，丙负责后勤工作。

在该老板出国的那天早晨，各部门主管都来送行，有人问甲："你负责的文件打好了没有？"

甲睁着惺忪睡眼说道："今早只有4小时睡眠，我熬不住睡去了。反正我负责的文件是以英文撰写的，老板看不懂英文，在飞机上不可能复读一遍。待他上飞机后，我回公司去把文件打好，再以电讯传去就可以了。"

谁知转眼之间，老板到了，第一件事就问甲："你负责预备的那份文件和数据呢？"甲按他的想法回答了老板。老板闻言，脸色大变：

"怎么会这样？我已计划好利用在飞机上的时间，与同行的外籍顾问研究一下自己的报告和数据，别白白浪费坐飞机的时间呢！"

天！甲的脸色一片惨白。

到了美国后，老板与要员一同讨论了乙的谈判方案，整个方案既全面又有针对性，既包括对方的背景调查，也包括谈判中可能发生的问题和策略，还包括如何选择谈判地点等很多细致的因素。乙的这份方案大大超过了老板和众人的期望，谁都没见到过这么完备而又有针对性的方案。后来的谈判虽然艰苦，但因为对各项问题都有细致的准备，所以这家公司最终赢得了谈判。

出差结束，回到国内后，乙得到了重用，而甲却受到了老板的冷落。

作为一名优秀的员工，不管是在时间上，还是质量上，任何时候都要超过上司的期望，提前准确地把事情做好，因为你也许不一定会明白自己的拖延将给公司带来多大的麻烦和损失。成功的人士都会谨记工作期限，并清晰地知道，在所有老板的心目中，最理想的任务完成日期是：昨天。

假如你希望你的老板能够从内心重视你，并委以重任，你就应该踏踏实实地工作，在实践中提高自己的能力，做得比老板想象要好，这样才会让老板眼中一亮。而这一切，更有助于你沿着自己既定的事业目标，实现自己的个人价值。

李建在一个公司从事仓库管理员工作，刚开始，他对工作兴趣不大，但他不断告诫自己，务必培养这方面的兴趣，不管以后怎么样，至少不要让自己在工作中感到无聊、烦闷，要以一种愉快的心情在工作中等待更好的机会。但是，一个在美国有名的大公司，员工有好几万，要想出人头地，是有相当难度的。

但是，李建并不因为现在的这份工作而无精打采，而是抓住一切机会，想尽办法把工作做得更完美。李建认为，要想在这个岗位上突出自己，就要让上司明白自己每天都在干些什么，否则就不可能有机会被赏识、被重用。

有了这个想法之后，李建给自己制订了几个工作要点：

第一，每天都列表呈报物料的变动情况，并用红线标示接近储存量最低点的产品，提醒上司注意。

第二，单独列表呈报低于规定储存量的产品，以表示存货不足。

第三，存货过多的产品，也单独呈报，让上司检讨、反思。

第四，标示出几个月或长期没有进出口的滞销产品。

这样，通过李建的一番精心设计，原来静态的仓库管理工作变得动态起来，也引起了上司的注意。

尽管仓库管理员这个岗位没有什么值得表现，但几年来，李建一直都在竭尽全力表现自己，以给上司留下好印象。最终，李建以他认真负责的工作态度赢得了上司的赏识和嘉奖，成为了公司的骨干。

你是否能够让自己在公司中不断得到成长，这完全取决于你自己。如果你仅仅满足于现在的表现，凡事都做到"差不多"或者"将就"的程度，那你在公司的地位永远都不能变得更加重要，因为你根本就没有做出重要的成绩。当公司赋予你一项重任时，一定要做到超过公司的期待，千万不要满足于得过且过的表现，要做就做到更好。

每个职场中的人要想实现自己的理想，就必须调整好自己的心态，打消投机取巧的念头，从一点一滴的小事做起，在最基础的工作中，不断地提高自己的能力，开始为自己的职业生涯积累雄厚的实力。

第一，你要认真完成自己的工作，不管是做基础的工作，还是高层的管理工作，都要把全部精力放在工作上，并且任劳任怨，努力钻研。在工作中逐渐提高自己的业务水平，成为企业的业务精英。

第二，在工作中，怀有一颗平常心，不要因为情绪波动而影响了工作。

第三，根据公司的具体情况，提出切实可行的方案或计划，并和大家一起完成它。

认认真真地走好每一步，踏踏实实地用好每一分钟，甘于从基础做起，才能看到自己的不足，从而加以改进。

而那些眼高手低不能踏踏实实工作的人，很难得到老板的重用。

一名杰出的员工应该不但要求自己满意、别人满意，而且要超过别人对自己的期望，并随着企业和自身的发展把内心的标准定得越来越高，不断求取新知识，不断成长，不断改进。因为一个总能在"昨天"完成工作的员工，一个总能把工作做得比老板预想的更好的员工，将会征服任何一个时代的所有老板。

精益求精，尽善尽美

老板们欣赏能做好自己工作，并把工作做到尽善尽美的人。不把问题留给老板，是取得职场成功的第一要素。

从来没有什么时候，老板像今天这样，青睐能做好自己工作的员工，并给予他们如此多的机会。各行各业，人类活动的每一个领域，无不在呼唤能自主做好手中工作的员工。齐格勒说："如果你能够尽到自己的本分，尽力完成自己应该做的事情，那么总有一天，你能够随心所欲从事自己想要做的事情。"反之，如果你凡事得过且过，从不努力把自己的工作做好，那么你永远无法达到成功的顶峰。对这种类型的人，任何老板都会毫不犹豫地排斥在他的选择之外。

要做好自己手头的工作就要从一点一滴的小事开始，把自己经手的每一份工作做到尽善尽美。

彼得生活在一个贫困的工薪阶层家庭中，因为经济困难，他刚刚高中毕业，便不得不放弃去大学深造的机会，到一家百货公司去打工。虽然每周只有5美元的薪水，他仍然很珍惜这个来之不易的机会，每天都在工作中不断地学习，努力充实自己，想办法把自己的工作做得更好一些。

经过仔细观察，他发现无论有多么地劳累，总管每次都要认真地检查那些进口的商品账单。由于那些账单都是用法文和德文书写的，他便开始在每天上班的过程中仔细研究那些账单，并努力钻研与这些商务有关的法文和德文。

一天，他看到主管十分疲惫，但仍一一核查那些账单，便主动要求帮助主管检查。由于有以前的那些准备，他干得相当出色。从那以后，检查账单的工作便由彼得接手了。

又过了两个月，彼得被叫到一间办公室接受一个部门经理的面试。给他面试的经理年纪比较大，对他说："我从事过这个行业已经40多年了，你是我发现的为数不多的每天都要求自己进步、日益把工作做得更加完善的人。从这个公司成立开始，我一直从事外贸这项工作，也一直想物色一个得力的助手，但是因为这项工作涉及的面太广，工作又劳累繁杂，尤其是需要有高度的责任心，否则一个小小的差错也会使公司蒙受巨大的损失。这项工作最大的要求就是员工要把工作做到毫无差错、尽善尽美；我们认为你是一个合适的人选。我也相信公司的选择没有错。"尽管彼得对这项业务一窍不通，但是他凭着对工作不断钻研、学习的精神，让自己的能力不断提高，凭着那股尽职尽责的认真劲，半年后他已经完全胜任这份工作并做得相当出色。一年后，他接替了那位经理的工作，成为公司有史以来最年轻的部门经理。

作为一名员工，时时刻刻都要高标准，严要求，在工作中精益求精，把工作做到尽善尽美，这样才能赢得老板青睐，获得发展的机会。

一位资深的职业咨询师说过，"你是否能够让自己在公司中不断得到成长，这完全取决于你自己。如果你仅仅满足于现在的表现，凡事都做到'差不多'或者'将就'的程度，那你在公司的地位永远都不能变得更加重要，因为你根本就没有做出重要的成绩"。

当老板赋予你一项重任时，要做就做到尽善尽美。在追求进步方面，不能仅做到适可而止，一定要做到永不懈怠；在知识能力方面，不要满足于一知半解，一定要做到精益求精——只有如此，才能确保自己能够高标准地完成老板交代的任务，不把问题留给老板。

在工作之余不妨试着反省一下自己的工作：如果你能在规定期限的前一天完成任务；

如果你能把每一件普通的小事处理得漂亮至极；

如果你能把上司交代的事情做得既周到又完美；

如果你能把那些别人可以做到合格的事情做到优秀，把别人可以做到优秀的事情做到卓越；

如果你能在做好本职工作之余，再替上司处理一些力所能及的事情；

如果你能把一件超乎想象的重任做得恰到好处。

如果在以上内容中，你能做到不止一项"如果"，那么你就能够成为老板眼中为数不多的不把问题留给老板的员工。

在工作中树立个人品牌

企业有企业的品牌，产品有产品的品牌。那么，个人有品牌吗？

当然有！我们经常听说某某人敬业、某某人解决问题的能力很强、某某人擅长于财务管理等，这就是品牌。当然，顶级品牌是那些被授予"世界上最伟大的销售员"之类称号的人。比如，创下一天销售四辆汽车纪录的乔·吉拉德，以及朝日保险公司的齐藤竹之助等。

要在工作中树立品牌，就必须比别人付出更多，比别人更忠诚。品牌不是吹出来的，虽然吹嘘可以在短时间内迷惑一些人，并捞得一些好处，但时间一长，必然原形毕露。拿不出实实在在的业绩，吹得天花乱坠又有什么用呢？

某一年，李杰在一家企业做顾问工作时，曾经碰到一个叫季西的人，他见他的老板很信任李杰，便央求李杰在他老板面前多给他美言几句。

"我进公司时，沈立先生答应聘我做公司的技术总监，可他一直都没有兑现，只是说正在考虑。你看，都考虑一年多了，还没有一点动静。"季西向李杰诉着苦。

李杰想老板既然许了诺，就应该兑现，不兑现也该说明原因，一定是沈立先生做得不对了。于是，李杰找了一个恰当的机会专门和沈立先生谈起了这件事。

"这个人我不敢重用。"沈立先生说。

"为什么呢？"

"你知道这个人是怎么来我公司的吗？他原来在另一家公司工作，那家公司曾经是我们最大的竞争对手。有一天，他约我见面，说他掌握了那家公司全部的技术秘密，如果我肯高薪聘用他，他愿意将那些技术秘密奉献给我。我答应了他的条件，给了他高薪，但重用的事，一直不敢兑现。"沈立先生说。

"你的意思是说，如果重用他，他掌握了你的秘密之后，也可能出卖你，对吗？"李杰说。

"是啊，他是一个不够忠诚的人，一个卖主求荣的人！原来那家公司对他很不错，他出卖了老板，使得那家公司一蹶不振。有了第一次，肯定会有第二次，重用他的话，下一个受害的可能就是我啊！"沈立先生说，"我非但不肯重用他，我还准备辞退他，但在做好准备之前，我不能让他知道，谁能保证他在得不到他想要的东西时会怎样疯狂地搞破坏呢？"

一个不够忠诚的人，是没有人愿意帮助他的，也没有能力帮助他。一个士兵如果死于忠诚，也是光荣而伟大的；如果出卖忠诚而活着，反倒是一种耻辱。同样，在企业里，靠出卖企业获取个人私利，也是耻辱的。

一个自身素质存在严重缺陷的人，对公司来讲是一个潜伏的杀手，不知哪天会跳出来执戈相向。

事实上，不只是企业、产品需要建立品牌，个人品牌同样是一个人才宝贵的无形资产，其价值甚至高于人才的有形资产，是无法估量的。

著名管理专家宋新宇博士介绍说，个人品牌就是个人在工作中显示出独特的价值。它就像企业品牌、产品品牌一样，要有知名度，更要有忠诚度。具体而言，个人品牌有几个特征：

第一，个人品牌最基本特征是质量保障。这一点跟产品品牌一样，体现在两方面：一方面是个人业务技能上的高质量，另一方面是人品质量。也就是说既要有才更要有德。一个人，仅仅工作能力强，而道德水平不高，是建立不起来个人品牌的。

第二，个人品牌讲究持久性和可靠性。建立了个人品牌，就说明你的做事态度和工作能力是有保证的，也一定会为企业创造较大的价值。企业使用这样的人是可以信任和放心的。

第三，品牌形成是一个慢慢培养和积累的过程。任何产品或企业的品牌不是自封的，而要经过各方检验、认可才能形成。对个人品牌而言，也不是自封的，而是被大家所公认的。

第四，个人一旦形成品牌后，他跟职场的关系就会发生根本性变化。像一个企业一样，如果有了品牌，它做任何事就会相对容易一些。同样对个人来讲，一旦建立了品牌，工作就会事半功倍。

对于初入职场的人来说，还没有个人品牌，只有在工作中，以自己的努力和特有价值获得认可，才能被业界认同，个人品牌一旦形成后，就具有了一定的品牌价值。职场竞争中，个人的工作方法、工作技巧，都可以被竞争对手复制，但个人品牌却是无法复制的，它是优秀人才的关键性标志。先前也许是你去找用人单位，而现在却是用人单位冲着你的品牌来找你。

有了一个好的个人品牌，你的身价也将大大提高。

第二章

工作之中莫抱怨

我们应该做的是全面地认识自己的公司，每天去观察它的成长和自己的成熟，从公司和公司的同人那里学习知识和技巧，充分利用公司的现有资源，努力做好自己的手头工作，而不是盲目地抱怨。真正的成功者，不会去抱怨，只会用行动、实干来表明自己的态度和价值。

抱怨是滋生一切问题的根源

有一天，某个农夫的一头驴子，不小心掉进一口枯井里，农夫绞尽脑汁也想不到办法救出驴子。

最后，这位农夫决定放弃，他想这头驴子年纪大了，不值得大费周折去把它救出来，于是，农夫便请来左邻右舍帮忙一起将井中的驴子埋了，以免除它的痛苦。

邻居们开始将泥土铲进枯井中。当这头驴子了解到自己的处境时，刚开始叫得很凄惨。但出人意料的是，一会儿之后这头驴子就安静下来了。农夫好奇地探头往井底一看，出现在眼前的景象令他大吃一惊：

当铲进井里的泥土落在驴子的背部时，驴子的反应是它将泥土抖落掉，然后站到铲进的泥土堆上面！

就这样，驴子将大家铲倒在它身上的泥土全数抖落到井底，然后再站上去。慢慢地，这只驴子便得意地上升到井口，然后，在众人惊讶的表情中快步地跑开了！

如果驴子面临当时的困境不是积极地争取而只是在井底抱怨的话，它则会永远被埋在那里了。其实，人也是如此，抱怨是解决不了任何问题的，抱怨恰恰是滋生一切问题的根源，只知道抱怨的人永远不能获得成功。

弗兰克·贝特吉尔是美国最著名的人寿保险推销员之一，他的年收入达百万美元以上。取得这样的成就并非一帆风顺，他也曾遇到过许多棘手的问题，开始时，他看不起自己的工作，甚至想放弃。后来，他不再抱怨，而是试着找出自己失败的根源所在。

他问自己："问题到底是什么？"他访问过那么多的人，但效果并不理想。他似乎跟那些潜在的客户都谈得很好，可是到最后快要成交的时候，他们会说："啊！我要再考虑考虑。"于是，他浪费掉不少的时间。

"有什么解决的办法？"他拿出过去的记录，仔细研究上面的数字。结果，有一个非常惊人的发现，即在所卖的保险中，有70%是在第一次见面时就成交的；另外有23%，是在第二次见面时成交的；还有7%，是在第三次、第四次、第五次……才成交的。换句话说，他的工作时间，几乎有一半都浪费在实际上只有7%的业务上。

"那么答案是什么呢？"很明显，他停止了第二次以后的所有访问，把空出来的时间拿来寻找新的客户。结果在很短的时间里，他的业绩迅速得以提高。

遇到困难，不去抱怨而是去找到解决问题的方法才是聪明人的做法，只知道抱怨自己的遭遇的苦难而丧失斗志就会像下面的故事中说的"与墓地里的死人没有什么区别"。

有一天，乔治向朋友抱怨他不如意的近况，他的朋友问他：

"为什么受了那些冲击，你就消沉下去了呢？"

"苦难太多了，倒霉的事接二连三，真是够晦气的了！我再也受不了了。"

乔治愤愤地述说自己遭遇的苦难。他的朋友听完后说道：

"乔治，我很希望能帮助你，能不能告诉我，我应该怎么做？"

乔治说："真的吗？那就帮我赶走苦难吧！如果能做到，我们将会成为永远的好朋友。"

他的朋友将乔治所处的境遇仔细思考后，终于想到了一个解决方法。朋友问他："请你诚实回答。你刚才说希望赶走大部分的苦难，事实上，你是想最好就在这里把全部的苦难赶走吧？"

"不错，我已经到了忍耐的极限了。"他郁闷地回答道。

"我相信可以帮上忙。前几天我到一个地方去办事。那里的负责人说他们那里有十万人，但没有一个人有苦恼。"

乔治的眼睛里亮了起来："那正是我希望的地方，请带我去那里吧！"

朋友回答说："不过，那里是墓地。"

的确，只有睡在墓地的人才没有苦恼。有苦恼正是活着的证明。在职场上也是如此，你将会面对许多困境，抱怨是懦夫的行为，抱怨只会让你无法在职场上生存。

成功者永不抱怨

居里夫人曾经说过："失败者总是找借口，成功者永远找方法。"所谓借口，就是抱怨的另一种表达方式。在困难面前，有的人总会找出种种借口，编出各种各样的理由，文过饰非，掩饰自己的懦弱和无能。在日常生活和工作中，总是充斥着这样那样的抱怨：

部门经理："我的客户太不可理喻了。其他的管理部门也不配合我的工作，照这个样子，工作很难开展下去了。"

资深员工："我在工作中那么卖力，领导还是不欣赏我。这份工作，我是越干越没有盼头了。"

新员工："我的工作量那么大，但工资才这么点儿，太不公平了。"

……

表面看起来，似乎公司里每个人都有抱怨的理由，但是抱怨真的有意义吗？强者靠自己，弱者靠同情，怨天尤人，却又提不出更有利于公司发展的建议，根本改变不了公司的企业文化和管理模式。与其牢骚满腹，不如把困顿当作对自己的一种磨砺。不妨问问自己：在自认为不称心如意的环境中，我能做些什么呢？

美国著名文学家艾默生曾经说过："一心朝着自己目标前进的人，

整个世界都会给他让路。"如果我们一心朝着自己的既定目标前进，坚决不动摇，每迈出一步，就会离成功更近一步。

举世闻名的意大利小提琴家帕格尼尼，从小就展现了无与伦比的琴艺天才，但是他却经历了各种常人难以想象的艰难和困苦。从4岁时候的一场麻疹开始，帕格尼尼几乎是伴随着病痛成长起来的：7岁时，他几乎死于猩红热；13岁时他得了肺炎，经过大量放血治疗才逃过一劫；40岁时，他的牙床发炎，几乎拔掉了所有牙；牙床刚刚康复，他的眼睛又得了可怕的传染性疾病。不幸的事接二连三降临到帕格尼尼的身上，这使他在50岁之后便一直生活在关节炎、肠道炎和结核病的病痛中。

即使是遭受了如此多的打击，帕格尼尼也从未放弃过对音乐的执着。他从3岁开始练琴，有时候练琴的时间长达12小时。他在12岁的时候举办了首场个人小提琴音乐会，并由此一举成名。他的琴声传遍了欧洲，德国著名诗人歌德曾赞美他的琴声"不知充满了多少灵魂"。匈牙利著名音乐家李斯特听到他的琴声后也惊呼："在这四根琴弦里，不知道饱含了多少苦难、伤痛和受到残害的灵魂啊！"

如果在每次生病遭受折磨时，帕格尼尼都自怨自艾，抱怨病魔为什么就跟自己过不去，恐怕还没等病魔折磨死他，他早就被自己气死了！春秋时期的越王勾践如果因为被吴国击败并折辱而坐在茅屋里生闷气，不知卧薪尝胆，奋发图强，还能赢得"霸主"的称号吗？《西游记》中的唐僧历经九九八十一难，终于取得真经，才更显得成功的可贵。如果他在明知西天路上千山万水、妖魔鬼怪层出不穷之时，没有坚定的信念支持，而是埋怨唐皇为什么偏偏派他远行十万八千里，哪里还有取经的动力？恐怕早就打道回府或者留在富庶的他乡享清福了。

抱怨，会破坏我们原本积极的潜意识。只要我们的头脑中一出现抱怨的意识，马上为自己鸣不平，甚至会停下或者放慢手中的工作，不顾一切地找到领导或同事讨公道。如果得不到自己想要的结果，就会感叹生不逢时，受到了不公正的待遇。这样发展下去，不仅直接影响了工作和生活，还会破坏人的心态。

苏珊是美国一家化妆品公司的创始人。她小时候和奶奶一起生活在乡下。奶奶自己开了一个小超市，她为人很和善，邻居们都喜欢和她聊天。每逢那些邻居到商店买东西顺便发牢骚时，奶奶总会把苏珊叫到身边，让她听自己和邻居说话。

有一次，邻居爱普生来买香烟。奶奶问他："今天怎么样啊，爱普生兄弟？"

爱普生长吁短叹道："唉，大姐，今天实在不怎么样啊。你看，这天气多热，气死我了。这种鬼天气，真是要命！"

奶奶一边给爱普生拿香烟，一边附和："是啊，是啊……"爱普生喋喋不休地抱怨了十几分钟，才离开了超市。

还有一次，邻居汤姆一进超市的门就向苏珊的奶奶抱怨："大姐，真是气死我了！我再也不想干犁地的活儿了！驴子犯倔脾气，地里尘土飞扬。我真是干够了！"

奶奶还是原来的老样子，一边给汤姆拿东西，一边附和着："是啊，是啊……"

等汤姆发完牢骚离开超市，奶奶问苏珊："孩子，你听到这些喜欢抱怨的人说的话了吗？"苏珊点了点头。奶奶接着对她说："苏珊，你一定要记住，凡事不要抱怨，因为抱怨不能解决任何问题。如果对现状不满，那就设法去改变它。如果改变不了它，那就改变自己的心态，勇敢地面对这些问题，但你一定不要去抱怨什么。"

　　长大后，苏珊牢记着奶奶的话，无论遭遇多大的挫折，她也从未抱怨过什么，只是默默地用自己的勤奋和智慧去打拼，打拼的过程中确实遇到过很多困境，但她从来没有抱怨过一句，更没有消沉下去，而是把精力用在解决问题上。在苏珊看来，儿时奶奶的那番话始终是她不懈努力的精神支柱。

　　在追求成功的道路上，有几个人是一帆风顺的？有的人天资平庸，不得不付出比别人更多的努力；有的人运气不济，经常因为客观原因功亏一篑，不得不从头再来。哪个成功者没有经历过挫折？哪个成功者没有遭受过磨难？尽管所遇到的困难不同，但是成功者们乐观向上的心态却是一样的。在工作中，抱怨会破坏你的人际关系。没有人会喜欢和一个消极、负面的人相处，更没有人愿意忍受你的牢骚和坏脾气。你的不满情绪，将直接破坏自己内心的平静，进而影响自己的工作，甚至将这种不良情绪波及整个团队，接下来很可能会在团队中产生更多的被抱怨和相互抱怨。大家都在抱怨，工作还能正常开展下去吗？

　　在现实不尽如人意的时候，成功者不抱怨、不消沉，反而更加斗志昂扬。一切困难，他们只当作是对自己的磨炼。现实越残酷，他们就越想着自己要争气。看看那些失败者们吧：落后了总是不肯奋起直追。一次跌倒了，就赖在地上不肯爬起来。抱怨天赋不足，抱怨时运不济，甚至抱怨父母生自己生得不好。他们的内心中从不想自立自强，遇到困境只会生闷气，成功永远与这样不知上进的人绝缘！

先做"千里马"，再求伯乐看上眼

"唐宋八大家"之一的韩愈在《马说》中写道："世有伯乐，然后有千里马。千里马常有，而伯乐不常有。"文章本意是借伯乐和千里马的传说，将人才比为千里马，希望作为"伯乐"的君王能够识别、重用人才。然而这句流传一千多年的名句，却被后世无数不得志者曲解：总是认为自己是被埋没的"千里马"，而作为决策层的"伯乐"却似乎缺乏一双慧眼，没有发掘出自己的真正价值。

在企业中，有些员工总是对自己有很高的期望值，认为自己能力很强，应该得到领导的赏识和重用，也应该得到优厚的待遇。相比于发展空间、工作环境、个人的进步，他们更在意待遇的高低。但这些抱怨的员工都忘记了：待遇的高低，是和个人的能力紧密相关的。

通用公司前CEO杰克·韦尔奇曾经说过："员工希望拥有高薪，这是很正常的一种心理，但是起码你先要告诉我支付你高薪的理由。"

工作中抱怨领导不赏识重用自己，只会令自己牢骚满腹、痛苦不堪、郁郁寡欢。有的员工在遇到逆境的时候不急不躁，不怨天尤人，而是以一颗平常心来看待暂时的不如意，因为他的心里装着希望。烦恼、抱怨甚至愤怒，对于员工个人的发展毫无用处。遇事爱抱怨的员工绝对不是企业需要的问题解决者。越抱怨就越消极，越抱怨就越容易受挫。面对暂时未被赏识的现实，唯一的办法就是努力学习、等待机遇、厚积薄发。

人心不足蛇吞象。许多员工无法在公司里得到很好的发展，其实并不是因为公司对他不好，甚至也不是因为个人能力不足，而是由于对公司不断地抱怨。本来很有能力的员工，一旦染上了这种职场抱怨病，即使是进入微软、苹果这样的全球企业也会嫌工作环境无法满足自己的要求。

齐瓦勃出身于美国农家，因为小时候家中贫穷，他受到正规学校教育的时间很短。15岁时，齐瓦勃到一个山村做马夫，然而，好强的齐瓦勃无时无刻不在寻觅着发展的机遇。几年后，齐瓦勃来到美国钢铁大王安德鲁·卡内基的一处建筑公司打工，从此时起，齐瓦勃就暗下决心，要做同事中最优秀的人。在建筑公司的工地打工很不容易，很多人在抱怨劳动强度大、薪水太低，并因此消极怠工的时候，齐瓦勃却一丝不苟地干着自己手中的活儿。一有空，他就自学建筑行业的相关知识。

这天晚上，工友们聚在一起闲聊，唯独齐瓦勃静悄悄地躲在一个角落里看书。恰逢钢铁公司的一位经理到建筑工地检查工作，大家都站起来迎接。这位经理翻了翻齐瓦勃手中的书，又翻阅了一下他的笔记本，什么话也没说就走了。次日，公司经理把齐瓦勃叫到自己的办公室，问他："你为什么要学那些东西呢？"齐瓦勃说："我认为我们的公司并不缺少体力劳动者，缺少的是既有丰富的工作经验，又有过硬的专业知识的技术人员或管理者，对吗？"经理赞许地点了点头。

在这位经理的关照下，不久后，齐瓦勃就被升任为技师。在工友中，有个别人非常嫉妒，总找机会讽刺挖苦齐瓦勃，大多数工友为齐瓦勃打抱不平。齐瓦勃却解释说："我不光是在为老板打工，更不单纯为了赚钱，我是在为自己的梦想打工，为自己的远大前程打工，我们只能在业绩中提升自己。我要使自己工作所产生的价值，远远超过所得的薪水，只有这样我才能得到重用，才能获得机遇！"

齐瓦勃一直在不懈努力工作，终于一步步升到了建筑公司总工程师的职位。25岁那年，齐瓦勃又被任命为这家建筑公司的总经理。

安德鲁·卡内基的钢铁公司中，有一个天才的工程师兼合伙人琼斯。在筹建公司规模最大的布拉德钢铁工厂时，琼斯发现了齐瓦勃超人的工作热情和管理才能。身为总经理，齐瓦勃每天都是第一个来到建筑工地。当琼斯问齐瓦勃为什么总是来得这么早的时候，他回答说："只有这样，当遇到什么急事的时候，才不至于被耽搁。"

工厂建好后，琼斯担任厂长，并举荐齐瓦勃做自己的副手，主管全厂事务。两年后，琼斯在一次事故中丧生，齐瓦勃便接任了厂长一职。齐瓦勃在这个职位上，充分发挥了他多年来在严于律己的作风下锻炼出来的管理才能，布德拉钢铁公司也成为卡内基钢铁公司的灵魂。正因为有了这个齐瓦勃这个钢铁工厂，安德鲁·卡内基才敢说："我什么时候想占领市场，市场就是我的。因为我能造出又便宜又好的钢材。"

几年后，齐瓦勃被卡内基任命为钢铁公司的董事长。

在我们的工作中经常会遇到这样的事情：有的员工不肯努力工作，为求脱颖而出，却将希望寄托于投机取巧上；有的员工从不努力工作，却渴望得到领导的赏识；更有的员工一味抱怨公司和老板，从不反省自己，从来不知道公司重用某一个员工，是建立在员工努力工作并具备一定能力的基础上的。

其实，任何一个有上进心的员工，都希望自己能够比别人出色。但如何才能提升自己的能力，真正超越别人呢？最靠谱的方法，就是在工作中比别人付出更多。可以说，想超越别人多少，就要比别人多付出多少；付出得越多，所收获的成就才会越大。

被誉为"经营之神"的日本著名跨国公司"松下电器"创始人松下幸之助在回忆自己早年创业的时说："我要对自己说，要好好努力，比别人多付出一些。如果只是做，别人也会做的，这样是不会出人头地的。现在拼命努力和忍耐，将来一定会有出息。因此，在冬季结冰的天气下用抹布做清洁工作，虽然很辛苦，但转念一想，这就是忍耐，努力干吧，将辛苦化为希望。"

作为一个有理想的员工，一定要明白，在现代企业的领导眼中是"只有功劳，没有苦劳"的。资历不等于能力，在企业中不能只靠资历混饭吃。只有在工作中严格要求自己，提高自己的业务水平，甚至具备独当一面的能力，才有最大的可能性被企业委以重任，成为企业不可或缺的人才。这样的你，才是企业"伯乐"眼中的"千里马"。

抱怨环境不如改变自己

　　你是否因为经历了事业和人生的低谷而情绪失落？你是否埋怨生不逢时、待遇不公？面对同样不幸的遭遇或失败，有的人会一蹶不振、失魂落魄，而有的人却能够绝处逢生、东山再起。要知道，成与败绝对不是命运的安排，而是取决于个人的态度。

　　在高速发展的21世纪，不同年龄、不同性别、不同职业的人都面临着各式各样的压力：升学、就业、结婚、生子……不知不觉中，人们便养成了抱怨的习惯，并把它作为对生活和工作的一种发泄途径。

　　喜欢抱怨的人总能为自己找到各种各样抱怨的理由，他们抱怨社会的不公，抱怨境遇的不幸，抱怨出身、工作条件、社会环境……要知道，很多事情是我们无法选择、无法逃避的。我们只能接受既成事实并做出自我调整，在无法改变不公平和不幸的时候，要学会适应这一切。我们与其抱怨环境的不公，不如好好改变自己。

　　肯德基上校哈兰·桑德斯，6岁丧父后，母亲出外工作，小小年纪的哈兰就要照顾3岁的弟弟，及尚在襁褓中的妹妹，从那时起，他就为全家人做饭。10岁到农场打工，赚取每月两美元的酬劳养家。两年后，母亲改嫁，他从此离家独自谋生。他什么工作都做过：售卖车票、轮胎、保险，驾驶过蒸汽船。哈兰自小就培养出对烹饪的兴趣，而且最喜欢"混酱"，他以各式的香草、面粉和鸡块做实验，希望做出最美味的炸鸡，经过10年的钻研，他调配出一道独特配方——以11种香草和香料混合的腌料。后来，他发现前往自己所在的油站加油的长途车司机和乘客都是"饿死鬼"，于是索性为他们提供自家烹调的炸鸡块以增加收入，结果大受欢迎。于是哈兰遂迁往对街一间旅馆的餐厅开展他的饮食生意。其间不断改良腌料，为了配合旅客短促的逗留时间，率先采用能加快鸡块烹煮时间的压力锅，以最短的时间生产最大量的炸鸡。1935年，他被肯塔基州州长授衔上校，以表扬他对肯塔基州饮食界所做出的贡献。

第二次世界大战爆发令餐厅关门大吉。大战结束后，餐厅虽然重开，但一条横跨科尔宾的州际公路粉碎了哈兰东山再起的美梦。旅客都使用州际公路了，根本不会经过他的餐厅，生意一落千丈，哈兰不得不拍卖掉所有财产还债。

当时已62岁的他带着仅余的资产：一张炸鸡秘方、一个压力锅，驾着老爷车穿州过省从头干起。他逐间餐厅兜售自己的配方："尝尝我的炸鸡吧，要是你喜欢，我可以把调味料卖给你，条件只是你每卖出一块鸡，得分我4美分。"放下自尊，顶着失败的创痛和年迈的身体，每天重复地说着同一番话，可不是每个人都扛得住。终于，第一间被授权经营的肯德基餐厅在盐湖城成立了。至1964年，经哈兰游说成功的特许经营店已达600间，并遍及美国、加拿大，那年上校已经74岁。

肯德基上校面对着事业的起落，并没有怨天尤人，而是努力地重新开始，最终让肯德基名场全球。

在工作当中，怨气只能阻碍事业的发展，在面对坎坷的时候，要有不怕一切，重新来过的志气，才能成功。

许多年前，美国鼎鼎大名的销售大王史坦雷先生，还是一位16岁的年轻小伙子的时候，他在一家著名的五金公司当一名小店员，每个月领着极微薄的薪水，但仍然心满意足地卖力工作，因为他希望能通过自己脚踏实地的工作，使自己步步高升，最终达到前途无限。所以他做起事来，永远抱着学习的态度，处处小心留意，想把工作做得十分完美。他希望能够获得经理的赏识，提升他为推销员，谁知他的经理对他的印象却恰好相反。

有一天，他被唤进经理室遭到了一顿训斥，经理告诉他说："老实说，你这种人根本不配做生意。但你的臂力健硕无比，我劝你还是到钢铁厂当一名工人去吧，那种活不需要大脑！我这里用不着你了。"

一个年轻气盛的人，踏入社会不久，便遭受这样严重的打击，换了别人，谁也受不了。他们会气得暴跳如雷，从此做起任何事情来，都会抱着消极的态度。而史坦雷虽被辞退，但仍有他自己的理想。他要在被击倒后重新爬起来，争取更大的成绩。

"是的，经理。"他说，"你当然有权将我辞退，但你无法消磨我的意志。你说我无用，当然，你也有你的自由，但这并不减损我丝毫的能力。看着吧！迟早我要开一家公司，规模比你的大十倍。"

从此他借着这次受辱的激励，努力上进，几年后，果然有了惊人的成就。

由此看来，无论在职场上受到什么样不公平的待遇，都要将自己的心态摆正。不论老板交给你什么样的任务，都要尽心尽力，全力以赴地去工作，任何事情都不能敷衍了事。

如果你对工作依然存在着抱怨、消极和斤斤计较，把工作看成是苦役，那么，你对工作的热情、忠诚和创造力就无法被最大限度地激发出来，也很难说你的工作是卓有成效的。你只不过是在"过日子"或者"混日子"罢了！所以在工作中，与其怨天尤人，不如立志实干。

老板不该是痛恨的对象

很多人认为，员工和老板天生是一对冤家。人们最常听到的是相互间的抱怨，即使偶尔彼此关心一下，也让人觉得有点假惺惺的。人们常呼吁老板要多为员工着想，是出于有利于企业发展的愿望来考虑的，而员工似乎就很少有理由要为老板着想了。

但究其根本，老板和员工只不过是两种不同的社会角色，只是社会分工不同而已。老板和员工，这两种角色实际上是一种互惠共生的关系。所以，老板不应该是我们痛恨的对象。

对于老板而言，公司的生存和发展需要职员的敬业和服从；对于员工来说，需要的是丰厚的物质报酬和精神上的成就感。从互惠共生的角度来看，两者是和谐统一的——公司需要忠诚和有能力的员工，业务才能进行，员工必须依赖公司的业务平台才能发挥自己的聪明才智。

为了自己的利益，每个老板只保留那些最佳的职员——那些能够忠于企业，尽职尽责完成工作的人。同样，也是为了自己的利益，每个员工都应该意识到自己与公司的利益是一致的，并且全力以赴努力去工作。只有这样才能获得老板的信任，才能在自己独立创业时，保持敬业的习惯。

许多公司在招聘员工时，除了能力以外，个人品行是最重要的评估标准。品行不端正的人不能用，也不值得培养。因此，优秀员工应当遵循这样的职业信条：如果你为一个人工作，真诚地、负责地为他干；如果他付给你薪水，让你得以温饱——称赞他，感激他，支持他的立场，和他所代表的机构站在一起。

在一个有着卓越企业文化和完善激励机制的企业中，员工在享受着老板提供的优厚待遇的同时，也会为老板着想，积极为企业未来的发展出谋献策，积极工作。即使企业一时遇到困难，也会与老板一起同舟共济，渡过难关。每个人都知道，只有上下齐心协力，才能使企业在激烈的竞争中立于不败之地，在老板赚取利润的同时，员工的利益才能得到持久的保障。多做一点对你并没有害处，也许会花掉你一些时间和精力，但是可以使你从竞争者中脱颖而出，你的老板和顾客会关注你、信赖你、需要你，从而给你更多的机会。今天种下的种子，总有一天会结出甜美的果实，最终受益的还是你自己。

有些员工以为老板整天只是打打电话，喝喝咖啡而已，这种认识使他们无意中让自己的立场与老板对立起来，使老板和员工之间原本和谐共赢的关系变得尖锐起来。实际上，老板并不像我们想象中的那么轻松潇洒，作为公司的经营者，他们承担着巨大的压力和风险，他们只要清醒着，头脑中就会思考公司的行动方向。一天十几个小时的工作时间并不少见，一到下班时间就率先冲出去的员工不会得到老板的喜爱，所以不要吝惜自己的私人时间。即使你的付出得不到什么回报，也不要斤斤计较。

斤斤计较一开始只是为了争取个人的小利益，但久而久之，当它变成一种习惯时，为利益而利益，为计较而计较，就会使人变得心胸狭隘、自私自利。它不仅对老板和公司造成损失，也会扼杀你的创造力和责任心。

我们知道，员工个人的成功是建立在团队成功之上的，没有企业的快速增长和高额利润，员工也不可能获取丰厚的薪酬。

企业的成功不仅意味着老板的成功，也意味着员工的成功。也就是说，你必须认识到，只有老板成功了，你才能够成功。老板和员工的关系就是"一荣俱荣，一损俱损"，认识到这一点，主动做事，帮老板获取成功，你很快就能在工作中赢得老板的青睐。

罗斯是某学院的部门助理，他的老板安迪负责管理学生和教职员工。极其糟糕的签到系统使学生们常常因还未上课就被记名；许多班级拥挤不堪；一些班级却又太小，面临被注销的危险。安迪承受着改进学生签到系统的压力，罗斯自告奋勇组织攻关开发一个新的体系，老板高兴地同意了他的意见。于是这个攻关小组开发出了一个卓有成效的系统。在此之后的一次组织机构改组中，安迪升任了主任，随即，罗斯被提升为副主任。对罗斯成功开发了这套系统，安迪给予了高度赞扬。

聪明优秀的员工就像上文中的罗斯一样，会不断调整自己的思路，与老板保持一致，因为他们已经开始意识到了以下的变化趋势：

第一，只有个人的利益与公司利益、老板利益紧密地结合在一起，企业发展壮大了，员工的个人利益才有可靠的保证。

第二，员工个人才华的有效发挥和老板的支持是分不开的。员工只有在企业中找到自己合适的工作平台，才能尽可能地施展出所学与专长。

第三，员工个人的事业发展也离不开老板。员工如果处处从老板的角度为其着想，在工作上竭尽所能，也就有可能在个人的事业发展上有所建树，有所成就。

在一个各种制度完善的公司里，每一个员工的升迁都来自个人的努力，老板所能做的只是考察哪些人有资格获得奖励和晋升。有实力的员工都有公平竞争的机会，也正因为如此，员工才能够感觉到自己与公司是一个整体。可见，员工和老板是否对立，既取决于员工的心态，也取决于老板的做法。聪明的老板会给员工公平的待遇，而员工也会以自己的忠诚予以回报。

所以，真正意义上的员工与老板的关系，绝不是天生的一对冤家，而应是互惠互利、创造双赢的合作者。一般说来，那些时刻同老板立场一致，并帮助老板取得成功的人，才能成为企业的中坚力量，才会成为令人羡慕的成功人士。

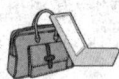

工作是为你自己

微软公司中国区前总裁、盛大公司前总裁、中国著名的职业经理人唐骏曾经说过一句发人深省、掷地有声的话："我不是在为比尔·盖茨打工，不是为陈天桥打工，也不是为陈发树打工，我是在为我唐骏打工，我是在经营我自己。"

唐骏还说过："在做工作的时候，勤奋永远是一个制胜的法宝。任何一个公司、任何一个地方，只要你勤奋了，比别人多勤奋那么一点，你一定会超前别人很多。"

看看唐骏的"12小时工作制"的说法吧。

唐骏刚刚辞去光鲜的微软公司中国区总裁职位，进入盛大公司的时候，每天工作12小时，坚持了两年。唐骏说："现在想想其实也有点做作，我真需要每天在办公室坐12小时吗？不见得。但是盛大的企业文化是创业文化，每个员工都是工作12小时，如果你按照外企意义工作8小时，没人看得上你。一定要通过这12小时，让他们在初期阶段就认同你。"看得出，唐骏也是抱着创业之心来到盛大公司的。

很多人认为是在为老板工作，所以投入工作的热情和努力大打折扣，其实，你是在为自己工作，自己建了什么样的房子，就是为自己留下了什么样的结果。

很多年前，荷兰的一个小镇上来一位名叫列文虎克的年轻人。他刚从乡下来，只读过初中。他应聘政府的看门工作。

列文虎克当时只有17岁。他的工作很简单，登记进出大门的陌生人，并抽空为整个社区安装玻璃。

列文虎克在安装玻璃时，发现除了要将玻璃裁切好，要使镶嵌完美，还必须将边沿稍稍打磨。因此，每次在安装前，他都要仔细地打磨一下玻璃的边沿，以使它更加光滑，镶嵌得更加牢靠。

即便在没有活干的时候，他也会找一块玻璃来打磨，他想将一块普通玻璃打磨得像镜子一样清澈、明亮——使它成为更有用的镜片。

他不断尝试着各种工具和打磨方法，来使他的镜片更加清晰，甚至能看清最微小的东西。

在60年里，他始终在做着相同的工作：看门，安装玻璃，打磨玻璃。从来没有停止过。

列文虎克本人，也似乎忘记了自己，沉迷在打磨镜片的过程中，享受着常人难以体会的乐趣。

一晃60年过去了，列文虎克已经变成了一位老人。他退了休，有了一份退休金，他还在打磨他的镜片。似乎，那是他唯一的乐趣。

又过了一段时间，人们发现，一个叫列文虎克的人，出现在了国家级的学术刊物上。据说，他掌握着一项连专业技师都无法比拟的镜片打磨技术，人们通过他的镜片可以看见神奇的微生物！

列文虎克从此声名大振，他被授予了巴黎科学院院士的头衔，为此，女王曾亲自到小镇上拜访他——那是只读过初中的他从来没有想到的。

列文虎克的工作虽然平凡，却成就了他最终的杰出。

实际上，认真做好每一件工作并不是件容易的事，这需要敬业的精神、细致的耐心以及你是在为自己工作的认知，只要我们能够坚持并成为习惯，一切也就变得自然而然了。具备这些素质的员工，不管老板是否在办公室，都能兢兢业业，他们受人尊敬，也深得老板赏识，他们将来注定是要成功。

上天赐予我们的生活是公平的，我们每时每刻都在为自己建造着自己生命的归宿，归宿的好与坏与你曾经和现在的努力与付出是成正比例的，今天的任何一个不负责任的后果，都会在以后的某个地方等着你。

一位禅师经常和众人谈到"命运"这个词。一个信徒一直坚信着命运的说法，所以，他每天都在盼望着生活会发生奇迹。他想：既然有命运，那么，一切都由命运来安排吧。

然而，年复一年，他的生活一直是平庸的，没有辉煌和光明，只有灰暗和贫困。他想，难道是自己的命运注定如此吗？

带着疑问，他去拜访禅师："您说，真的有命运吗？"

"有的。"禅师回答。

"但我的命运在哪里？是不是我的命运就是暗淡和贫穷呢？"

禅师让他伸出左手，指给他看："你看清楚了吗？那条横线叫作爱情线，这条斜线叫作事业线，另外一条竖线就是生命线。"

然后，禅师又让他跟自己做一个动作，把手慢慢地握起来，握得紧紧的。

禅师问："你说这几根线在哪里？"

那人迷惑地说："在我的手里啊！"

"命运呢？"

那人终于恍然大悟，原来命运是在自己的手里，而不是在别人的嘴里。

那人决心用行动去改变自己的命运。

工作是上天赋予的使命。把自己喜欢的并且乐在其中的事当成使命来做，就能发掘出自己特有的能力。其中最重要的是能保持一种积极的心态，即使是辛苦枯燥的工作，也能从中感受到价值，在你完成使命的同时，会发现成功之芽正在萌发。

工作是一个态度问题，是一种发自肺腑的爱，工作需要热情和行动，工作需要努力和勤奋，工作需要积极主动、自动自发的精神。只有以这样的态度对待工作，我们才可能获得工作所给予的更多奖赏。

说到底，一个人的工作，是他亲手制成的雕像，美丽还是丑恶，可爱还是可憎，都是由他一手造成的。

用行动代替抱怨

我们可能都听说过类似的事情：

A对B说："我要离开这个公司。我恨这个公司！我讨厌这里的老板！"

B建议道："我举双手赞成你报复！！破公司一定要给它点颜色看看。不过你现在离开，还不是最好的时机。"

A问："为什么？"

B说："如果你现在走，公司的损失并不大。你应该趁着在公司的机会，拼命去为自己拉一些客户，成为公司独当一面的人物，然后带着这些客户突然离开公司，公司才会受到重大损失，非常被动。"

A觉得B说的非常在理。于是努力工作，事遂所愿，半年多的努力工作后，他有了许多的忠实客户。再见面时B问A："现在是时机了，要跳赶快行动哦！"

A淡然笑道："老总跟我长谈过，准备升我做总经理助理，我暂时没有离开的打算了。"

公司里，常听见员工抱怨自己的公司和老板，觉得公司的规模小，管理落后，觉得自己的老板太刻薄，不懂得识人用人。事实上，你所在的公司能存在并发展，说明它一定有它的过人之处，可能是一项高科技产品，可能是一种先进的管理模式，也可能是一种催人奋进的企业文化，这些都是你的人生发展中很宝贵的学习资源。尤其是你的老板作为公司的领航者，他为你事业的发展提供了一个很好的平台，而且在日常工作中，他也时刻关心着你的成长，因此，对于自己的公司和老板我们应当心存感激。

每天，当我们面对公司的时候，要全面地观察它，认识它，关心它的成长，并注意从公司的其他同人那里学习知识和技巧。面对老板，我们要心存感谢，学习他身上的优点，发挥自己的优势与老板做好工作上的配合，而不是无休止地抱怨。

乔治太太是一家公司的清洁工，她是一个四十多岁、身体有些发福的女人，手脚不是很勤快，但嘴巴却总是闲不住，经常与人搭讪，身边的手提电话也是天天响个不停，好像比公司的经理还要忙。

一天，公司的一些员工聚在一起聊天，一个叫杰克的职员突然感叹道："我们连格林太太都不如啊！"见到别人诧异，他又说："你们猜她每个月能赚多少钱？"

一个清洁工，薪水再高能高到哪儿去？于是大家七嘴八舌地讨论开了，有说500的，有说800的，但杰克只是摇摇头，伸出了四个指头，于是有人就"大胆"地预测："不会是4 000吧，挺厉害的呀。"

"什么4000？是4万美元！她每个月至少可以赚4万美元！！"杰克笑着说。

"不会吧？"人们惊讶得眼珠子都差点掉下来。

"是她自己跟我说的"，杰克笑着说。

"乔治太太还说，做清洁工只是一个平台，我觉得她完全可以做一个CEO了！"

原来，乔治太太借着到公司做清洁工的机会，打听公司里谁需要找钟点工，谁需要租房子，然后就当起了中介，收取中介费。乔治太太还自己买了一套房子，并以一万美元的月租把这套房子租给了一个韩国公司的总裁。

乔治太太利用清洁工这个平台延伸出的另一项业务是卖保险，公司里面有不少员工已经跟乔治太太买了几万美元的保险。

清洁工只是乔治太太的工作，但是她整合资源的能力不比任何一家公司的CEO差——她能够非常敏锐地发现利润来源、寻找适当的客户、选择合理的沟通方法以及适时地转变经营项目。她这种利用现有优势做好每一件手头工作的智慧值得我们每一个人学习。

那么，我们如何像乔治太太那样有效地利用现有资源，将手头的工作做好呢？首先我们应该做的就是认识自己的公司，找到它每一个值得我们学习的地方，我们可以这样做：

1. 了解公司的情况

要找到公司值得学习的地方，光是在公司认真工作是不够的。我们还应该花点时间在网上或图书馆里查阅有关公司的情况，尽可能多地了解一些信息，包括它的产品、规模、收入、声誉、形象、管理人才、员工、技能、历史以及所信奉的哲学等。特别是了解公司在整个行业中的位置，以及别人或者别的公司对于自己所在公司的评价。

2. 背景学习

无论大小，每个公司都有它的背景，每个公司都有它的中心人物和故事，这些都体现着公司的核心价值。这些故事讲了些什么，是巨大的成功，卓越的服务，还是商业策略上的竞争？这些故事本身会告诉我们有关公司的许多事情，值得去思考去学习。

3. 与同事积极合作

公司是一个集体，你就像其中的一只小蚂蚁，是微不足道的，只有你和一群蚂蚁联合起来，才能有所作为。因此，你应该不只关心自己的工作，也应该知道同事在哪里工作，观察他们怎样工作，诸如前台接待人员怎样问候陌生人之类的事情也可能对你有所启发，这都是你平时手头上应该做好的工作。

4. 寻求强者

强者不一定身居高位，他们也许是你的同事、同学、朋友、引荐人，他们在经验、专长、知识、技能等方面比你略胜一筹，他们对你或物质上给予帮助、或提供机会、或予以思想观念的启迪、或身教言传潜移默化。有了强者的帮助，一是容易脱颖而出，二是缩短成功的时间，三是危机时能够在第一时间找到强援。

"我为什么要坐在这里？" "我为什么要工作？而且，还是为了这样一个公司？" "如果我离开这里会不会更好？"……当这些问题经常出现在脑海里时，说明工作上的苦恼已经和你纠缠在一起了。这表明你对于自己所从事的工作已经失去了兴趣和激情，没有了工作的热忱，此时，你的敬业精神就开始接受最大的考验。出现了这样的问题，你不妨提醒自己知足常乐，因为无论公司大小，工作好坏，你已经站在了前程的起跑线上了，而你所要做的，就是把自己手头的工作做好，像乔治太太那样，充分地利用现有的资源，如果你能这样做的话，那么，成功与卓越就离你不远了。

第三章

多为公司
想一想

公司是一个全体员工生存和发展的平台。公司中的每个人，无论是老板，还是员工，都是在这个平台上履行着自己的职责，发挥着自己的作用。任何人离开了这个平台，就如同演员离开了舞台，无法施展自己的才华。所以，在工作中，要学会换位思考，多为公司、为老板想一想。

公司就是你的船

　　在大海上，当暴风雨来临之时，水手们之所以肯"玩命"，并且没有人会在当时甚至是事后向船长索取任何回报，是因为大家很清楚，在变幻莫测的海上，所有航海人员的生命都寄托在船上。船沉了，所有人都会葬身海底。而作为船长，在死里逃生之后，往往会给全体船员发放一笔不菲的奖金。

　　在市场经济的浪潮中，你的公司就像一条追波逐浪的船。而作为公司的员工，你就像那船上不屈地拼命对抗暴风海浪的水手。当一个公司面临困境的时候，有责任心、忠诚感的员工会站出来，与公司同呼吸、共命运。他们深深地懂得，忠诚于公司，帮助公司渡过难关，换来的回报就是更多的关注和大把的发展机会。

　　在市场竞争日益激烈的今天，任何一个公司都不可能总是一帆风顺地发展，或多或少都会有陷入困境之时。"路遥知马力，板荡识诚臣"，越是在危难时刻，员工所表现出来的忠诚心和责任感就越显得弥足珍贵。这种忠诚和责任的力量，往往可以帮助公司缓解危机，甚至拯救整个公司。

　　2008年，林峰大学毕业后，带着创出一番事业的愿望，来到一家小型外贸公司工作。他的老板陈总也是一个事业心很强的人。不料林峰就职不出三个月，就赶上了全球金融危机，经济形势不景气，陈总的外贸公司订单大大减少，销售额下降了30%，公司的产品大量积压，资金链也面临着断裂的危险。这种危局对于陈总的小公司来说，是一个致命的打击。

又过了一个多月，公司连给员工发工资都发不出来了。陈总四处奔波，总算筹措了少量资金。在发工资那天，陈总召集所有员工开了一个会。在会上，他坦诚地向大家介绍了公司当前的处境，并希望员工们能够和自己共同努力来度过这场危机。会后，许多员工不声不响地辞了职，有的人甚至要求公司支付失业补偿金。看着这些曾经对公司极力表忠心的人，陈总感到非常心寒。

送走了这些离职的员工后，陈总意外地发现，在空荡荡的公司里，只有林峰还在一丝不苟地工作。陈总惊讶地问："小林，你怎么还没走呢？你不知道，我已经支付不起你的工资了，再留下来还有什么必要吗？"

"陈总，咱们的公司虽然小，但在经营方向和销售渠道方面还是有自己的特色和优势的。目前只是遇到了暂时的困难，只要做成一笔单子，就能让公司继续生存下去。我是在公司效益好的时候来的，现在公司有了困难，我不能就这样甩手走人。我相信，我们的公司会重新站起来的！"

陈总的眼睛湿润了——有林峰这样的好员工一心为公司着想，这样的好兄弟力挺自己，自己有什么理由灰心丧气呢？之后的三四个月，公司只有陈总和林峰两个人在日以继夜地工作。市场调研、产品宣传、与客户沟通……俗话说，一分耕耘一分收获。伴随着经济形势的好转，公司的订单渐渐多了起来。一年后，公司又恢复了以前的规模，重新走向赢利模式。

重起炉灶后，陈总又一次召集所有的新员工召开会议。在会上，他任命林峰为公司的副总经理，并享有公司12%的股份。

前世界首富、微软公司董事长比尔·盖茨说过："这个社会并不缺乏有能力、有智慧的人，缺的是既有能力又忠诚的人。相比而言，员工的忠诚对于公司来说更为重要，因为能力和智慧并不能完全代表一个人的品质。对公司来说，忠诚要比智慧更有价值。"

公司管理者们之所以格外重视员工的忠诚，是因为它能够让员工在工作中保持连续性和完美性。而强烈的责任感可以铸就员工的忠诚，使员工在任何情况下都能够始终如一地尽自己最大的努力做好工作。

有一家公司接到了客户的一份大额订单，限时三个月完成。据公司估计，这份订单如果完成，公司最底层的员工都能拿到1万元以上的收入。公司全体员工都很振奋，都不由自主地提高了自己的工作效率。这段时间，公司老总感到非常欣慰，因为无论他什么时候离开公司，都能看到有员工仍然在加班的身影。他们仿佛都把公司当成了自己的家。

不到三个月，公司就保质保量地完成了客户的订单，客户也把款项如约付给了公司。同时，客户问该公司老总："说真的，让你们在三个月完成这么大的订单，我们都没抱什么希望。毕竟要做的工作太多，时间太紧张了。没想到不到三个月就收到了你们的货，你们是怎么做到的呢？"公司老总笑着说："因为在我们公司，所有的人朝着同一个目标努力。我常常对员工说'公司就是你的船'。员工们知道，在公司赢利的同时，每一个人的付出都能得到回报。"

我们把公司比喻成一艘船。无论你是大副，还是普通水手，无论你是高级机械师，还是基层锅炉工，只要一踏上这艘船，就都是这船上的普通一员，从此就要与船同舟共济、生死相依。当公司这艘船行驶到了风口浪尖处，与船共进退就是每一个员工的本分。

像老板一样为公司工作

很多员工会有这样一种认识：老板永远比员工工作更积极主动，因为这是他自己的公司，员工只不过是为老板打工罢了。不错，老板和员工的思想很难做到完全一致。由于双方在公司中的地位不同、权益不同，导致双方心态的不同。

有的员工认为，"员工是公司的主人"这种话，只不过是老板给员工"洗脑的鬼话"，并信誓旦旦地暗地里表示，如果自己做了老板，一定能把公司管理得更好。但怀有这种思维定式的人，如果自己开了公司，会认为自己下属的员工也同样会有"被剥削"的消极心态。于是，这种老板往往就会"事无巨细、亲力亲为"，不敢放手将重要的工作交给员工去做。单凭一个"心怀鬼胎"的老板单打独斗，公司能获得长足的发展吗？

不能！

也有的员工私下里表示，我没有自己当老板的野心，只想做个普通员工，踏踏实实地工作、过日子。这种员工认为：我付出多少，就理所当然获得相应的回报；我只要完成自己分内的工作就足够了，其他的工作与我无关。这一类员工在自己的本职工作中能够做到按时上班、下班，不求有功，但求无过，下班以后绝对不做与工作相关的事情。事实证明，这种员工普遍缺乏锐意进取的精神，没有一个能够在事业上取得成功。

像老板一样为公司着想吧！

这不仅是一种工作的态度，更是提高自身能力、适应快速发展的现代社会的有效途径。当然，像老板一样为公司着想，并不是说每个人都一定要成为老板，而是要像老板一样积极、认真地处理工作中的细节。像老板一样为公司着想的员工，工作的潜力一定会比循规蹈矩的员工发挥得更为出色，因为他们无时无刻不在主动思考公司遇到的问题。老板交代的工作，他们总能够想出新点子，并高效地完成。他们更容易从工作中获得一种满足感和成就感。

在IBM，每个员工都有这样一种心态：我，就是公司的主人。公司的每位员工都会主动找高层管理者沟通，提出自己对公司工作的意见和建议，他们的身上有着热情洋溢的工作态度。

像老板一样积极主动吧！

主动做好自己能想到的一切，不要等老板来督促。偶尔出错也不要紧，怕的就是墨守成规，不敢创新。如果我们能像老板一样积极主动地对待工作，老板就能够轻松许多，从而将精力投入思考公司发展的大问题上来，公司才可能走得更稳健、更长远。

像老板一样对公司负起责任吧！

只有公司的每个员工都意识到"公司兴亡，员工有责"，并将其作为自己的信念落实到工作中，公司才可能运转得生机勃勃。我们在公司里工作，完全出自自己的主动选择。既然我们做出在公司工作的选择，就应该为自己的选择负起责任。我们选择了这份职业，就理当接受它的全部。公司为每个员工提供待遇、机会和成就感的同时，也可能会带来压力、挫折和失败。但我们应该牢记，无论是好事还是坏事，这都是工作的一部分。"在其位"就要"谋其政"，公司给了每个员工工作的权利，员工就要敢于承担起为公司着想的责任。

另外，一个人对于工作的态度如何，也是兴趣和志向的表现。看清楚一个人的工作态度，就等于看到了这个人对于生命的态度。许多都市里的年轻人每天过着按时上班、下班的日子，却很少想一想：什么是工作？我工作是为了什么？这些年轻人只是"为了工作而工作"，是不可能把自己的满腔热情、全部智慧投入工作中去的。

也许有人可能不服气："如果我自己当老板，我一定会比现在工作努力。"那么看看沃特·华伦的故事吧。

有个叫沃特·华伦的年轻人，他是名校毕业的硕士生，很有才华，在美国美孚石油公司工作。只是他恃才自傲，工作中特别懒散，有同事提醒他，他却不以为然道："在公司里工作，只不过是为别人打工而已。有朝一日我自己开一家公司，肯定比美孚的老板做得更好。"

短短一年后，沃特·华伦就选择了辞职，自己开了一家事务所。他告诉自己的朋友们："我会努力把事务所办好，因为我现在是这里的老板了，我在为我自己工作。"

不过仅仅又过了短短一年，他的事务所就关门了。沃特·华伦的解释是："自己当老板实在太复杂、太麻烦了，这不适合我。"事务所关门后，沃特·华伦又走上了求职之路。

在我们现在这个年代，像沃特·华伦一样眼高手低、志大才疏的年轻人大有人在。在公司工作不甘心、不耐烦，总认为自己是在被剥削；自己创业当老板又怕苦、怕累、怕失败。高不成，低不就。那到底能做些什么呢？

能够把工作当成自己的事业、能够像老板一样为公司工作的员工，无论老板是否在公司里，是否在监督工作，都能够尽职尽责完成自己的本职工作，并在第一时间向老板提出自己在工作方面的意见和建议，主动为公司排忧解难。这样的员工，任何老板都不会弃之不用。

我们都知道一个道理；有付出才会有回报。工作需要我们投入、而且是全身心地投入，才会让我们品尝到成功的喜悦。一旦选择了在公司工作，就要收起"做一天和尚撞一天钟"的态度，要像老板一样，全身心投入工作中去。作为公司的员工，一定要明白：全力以赴地工作，才会得到老板的认可，才会得到实现自己价值的机会。这不仅是敬业的问题，而且是关系到个人前途发展的问题。

工作，就是我们生命中的缩影。热爱自己的工作吧，这不仅仅是为了养家糊口，更是为了提高自己的能力，实现自己的人生价值。像老板一样为公司工作吧，把工作视为神圣的天职，将会收获更大的成就。

站在公司的角度看问题

我们先来看一个故事：

一位母亲在圣诞节带着5岁的儿子去买礼物。大街上回响着圣诞赞歌，橱窗里装饰着彩灯，盛装可爱的小精灵载歌载舞，商店里五光十色的玩具琳琅满目。

"一个5岁的男孩将以多么兴奋的目光观赏这绚丽的世界啊！"母亲毫不怀疑地想。然而她绝对没有想到，儿子紧拽着她的大衣衣角，呜呜地哭出声来。

"怎么了？宝贝，要是哭个没完，圣诞精灵可就不到咱们这儿来啦！"

"我……我的鞋带开了……"

母亲不得不在人行道上蹲下身来，为儿子系好鞋带。母亲无意中抬起头来，啊，怎么什么都没有？——没有绚丽的彩灯，没有迷人的橱窗，没有圣诞礼物，也没有装饰丰富的餐桌……原来那些东西都太高了，孩子什么也看不见。落在他眼里的只是一双双粗大的脚和妇人们低低的裙摆，在那里互相摩擦、碰撞……

真是可怕的情景！这是这位母亲第一次从5岁儿子目光的高度眺望世界。她感到非常震惊，立即起身把儿子抱了起来……

　　从此这位母亲牢记，再也不要把自己认为的"快乐"强加给儿子。"站在孩子的立场上看待问题"，母亲通过自己的亲身体会认识到了这一点。

　　这位母亲终于醒悟到自己应该站在儿子的角度看待问题，而不是将自己的想法强加于他。这个故事提醒我们，换个角度看待问题，你所产生的感悟是完全不同的。同样，在工作中也一样，站在公司的角度思考问题，你的想法肯定是不一样的。

　　我们经常听到公司员工有这样的说法："我这么辛苦，但收入却和我的付出不成比例，我努力工作还有必要吗？""这又不是我的公司，我这么辛苦是为了什么？""公司推行各式各样管理我们的政策，这表明公司根本就不信任我们。"

　　公司与员工经常会有冲突，员工常常感到公司没有给予自己公正的待遇，其实，产生这样的想法是因为你和公司所处的角度不同。公司的老板希望你比现在更努力地工作，更加为公司着想，甚至把公司当成自己的事业来奉献。而你站在员工个人的角度来考虑问题，你自认为已经很努力了，工作占用了你大部分的精力和时间，但公司只给了你不相称的待遇。

　　你可能感慨自己的付出与受到的肯定和获得的报酬并不成比例，但是你必须时刻提醒自己：你是在为自己做事，你的产品就是你自己。

　　在这里，我们提出的理念是希望员工学习站在公司的角度思考问题，换个角度，你得出的结论就会不同。如果你是老板，一定会希望员工能和自己一样，将公司当成自己的事业，更加努力，更加勤奋，更加积极主动。现在，当你的老板向你提出这样的要求时，你还会抱怨吗？还会产生刚才的想法吗？

例如，公司之所以不得不推行各式各样的政策，纯粹是为了防患于未然。站在公司的角度，风险防范的重要性丝毫不亚于业务拓展。

有人曾经说过，一个人应该永远同时从事两件工作：一件是目前所从事的工作；另一件则是真正想做的工作。如果你能将该做的工作和想做的工作做得一样认真，那么你一定会成功，因为你在为未来做准备，最大限度地从公司获得报酬和利益。

从公司的角度出发，你会成为一个值得信赖的人，一个老板不可或缺的人，一个可能拥有自己事业的人。一个将公司视为己有并尽职尽责完成工作的人，是老板真正器重的人，是终将获得成功的人。

很多情况下，你的老板就代表了公司，你不要抱怨公司对你的不公，抱怨上司不给你机会，而要积极主动地寻求改变。从自身出发，尽职尽责完成工作，并站在公司的角度，发现公司需要怎样的员工，进而使自己变得对于公司、上司不可或缺，无可替代。这样的你不仅自身对于公司更有价值，而且使公司和个人双赢，这才是优秀员工应有的表现。因此，站在公司的角度，我们要经常地问自己下列问题：

(1)如果我是老板，我对自己今天所做的工作完全满意吗？

(2)回顾一天的工作，我是否付出了全部的精力和智慧？

(3)我是否完成了企业给自己、自己给自己所设定的目标？

(4)我的言行举止是否代表了企业的利益，是否符合老板的立场？

有一个下属来到老板跟前，请求把工作的最后期限延后，原因是他无法按期完成任务。老板问："你每天睡8小时，是不是？每个星期只工作5天，是不是？"

他点了点头。老板接着说："一个星期没有工作7天，一天没有工作10小时以上，是你没有尽全力。"

老板的立场就是公司的立场，一个从公司的角度看问题的员工，会自觉调整自己与老板的对立情绪，同情和支持自己的老板，时刻与老板站在同一条战线上。

眼高手低，不如踏实工作

　　眼高手低，有一个近义词是"好高骛远"，是指要求的标准很高，但实际上自己却做不到。许多从高校刚毕业，步入职场的毕业生，满怀对未来的憧憬，一心想凭自己在学校中所学到的知识，干出一番大事业。不料"社会大学"和"象牙塔"之间的差别实在太大，理想总是和现实那么遥远。

　　赵彤2009年暑期从武汉大学本科毕业，一直到2011年，他还是一名待业人员。其间，他没有像他的一些同学那样选择考研，而是大部分时间"宅"在家里。不是上网、打游戏，就是吃饭、睡觉。

　　难道是赵彤找不到工作吗？其实不是。工作内容琐碎、工资较低的工作他都不愿意做，工资较高、待遇较好的公司又嫌他缺少工作经验，不愿意用他。赵彤成了一个典型的"啃老族"和"宅男"。

　　其实赵彤上大学的时候，学习成绩很好，其他的硬件证书也考了不少。大学毕业后，他也曾经到好几个公司通过面试上岗，但有的公司他待了不到一个月就辞职，有的公司没过多久就把他"炒"掉。究其原因，是赵彤自认为很出色，不应该从事务性的基层工作做起。他做起这些工作来总是很不耐烦，一不耐烦，就不可能把工作做到出色，当然更谈不上有什么成就感和满足感。于是，赵彤始终没有找到适合自己的工作。

像赵彤这样眼高手低的职场新人大有人在。他们往往不屑做一些琐碎的具体工作，要么说自己所学专业与工作不对口，要么说这样的工作委屈了自己的满腹经纶，却一门心思想要干一番大事业。殊不知一屋不扫，何以扫天下？一旦将重要的事情交给他们的时候，操作当中却又漏洞百出。

刚刚从美国名校斯坦福大学MBA毕业的小伙子宋亮，回国后，凭借出色的学历，毫不费力地进入一家外企工作。上岗伊始，上司知道他没有过工作经验，于是经常把一些诸如复印材料、布置会议室之类"鸡毛蒜皮"的琐碎工作交给他去做，意在考察他的工作态度。对此，他非常不满，总认为自己是被"屈才"了。

有一次公司要竞标一个大型工程项目，宋亮认为这是自己崭露头角的好机会。尽管竞标计划和标书制作并不属于他负责，他仍旧连夜准备了一份计划书交到总经理那里。宋亮满心以为自己会得到公司的表彰，不料几天后，他却收到了公司的解聘书。

宋亮非常不服气，他不知道自己为什么会被辞退。后来他从人事部门得知，因为他工作中对于鸡毛蒜皮的小事毫不在意，做事马马虎虎。他交上去的计划书中，竟然在报价的数字后面多了两个"零"。按他的计划报价，成本会一下子多出100倍！

现实就是如此。许多初出茅庐的大学生，怀揣着远大的理想和宏伟的抱负，一心想做一番大事业。但职场中的确不能容忍眼高手低。长此以往，你不重视自己的工作岗位，工作岗位终究会离你而去。

处理工作中的每一个小细节，我们都应该首先端正自己做事的心态。哪怕是规模再大的工程，都可以将其分解成若干细小的环节和具体的小事。想做大事，就必须把大事中分解出来的小事处理好。战国时期

思想家荀子在《劝学》中有句名言："不积跬步，无以至千里；不积小流，无以成江海。"世界上不存在不用打造地基的空中楼阁，只有在小事上打好基础，才能积累下来做大事的经验。

很多人喜欢"纸上谈兵"，夸夸其谈，动不动就表决心、喊口号，一旦落实到具体工作的时候，就偷奸耍滑，或者"拿不起、放不下"。当今的时代，是一个讲究实际效果的时代，公司的领导看重的是你的工作能力以及是否能够给公司带来效益，而不是你的表态多么坚决，更不是你的保证多么动听。

我们既应该在心中树立起远大的理想和抱负，又应该在工作中脚踏实地、积累自己的实力，调整自己努力的方向，使人生目标越来越近。请记住，当你在职场中"翅膀还不够硬"时，好高骛远、眼高手低是在职场中发展的大忌，远不如踏踏实实工作、厚积薄发来得稳妥。

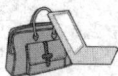

和别人比收入前，先比业绩

在职场中，有些人总是喜欢打听同事、同行的收入情况，比较来，比较去。一旦自己收入不如别人，就义愤填膺，说自己付出多、收入低。事实上，这是一种非常不好的风气，并会对你的前途产生不利的影响。

当你遇到不公平的待遇时，不要片面地看待不利的一面，老想着别人收获了什么，而应该认真地反思一下自己：我付出了多少？不要整天盯着那些利益不放，踏踏实实工作，用业绩说话，这才是一名员工应该做的。

要知道，在职场上，业绩才是硬道理。业绩作为一个重要的衡量标准，检验着员工的优与劣。每一分钱的背后都隐藏着相应的付出。为什么不在比较收入之前先比比业绩呢？

有个刚刚进公司的年轻人自认为专业能力很强，对待工作很随意。有一天，他的老板直接交给他一项任务，为一家知名企业做一个广告策划方案。

这个年轻人见是老板亲自交代的，不敢怠慢，认认真真地搞了半个月，半个月后，他拿着这个方案，走进了老板的办公室，恭恭敬敬地放在老板的桌子上。谁知，老板看都没看，只说了一句话："这是你能做的最好方案吗？"年轻人一怔，没敢回答，老板轻轻地把方案推给年轻人，年轻人什么也没说拿起方案，走回自己的办公室。

年轻人苦思冥想了好几天，修改后交上，老板还是那句话："这是你能做的最好的方案吗？"年轻人心中忐忑不安，不敢给予肯定的答复，于是老板还是让他拿回去修改。

这样反复了四五次，最后一次的时候，年轻人信心百倍地说："是的，我认为这是最好的方案。"老板微笑着说："好，这个方案批准通过。"

有了这次经历，年轻人明白了一个道理：只有持续不断地改进，工作才能做好。这以后在工作中他经常自问："这是我能做的最好的方案吗？"然后再不断进行改善，不久他就成为了公司不可缺少的一员，老板对他的工作非常满意，现在这个年轻人已经成了部门主管，他领导的团队业绩一直很好。

不断提升自己的标准，让工作更上一层楼，不断地驱策自己摆脱平庸的桎梏，我们才能变得卓越！能让工作变得完美的人，需要极高的品质。高品质不是从天上掉下来的偶然，是人们抱持高昂的企图心，诚心诚意的努力，投入心血智慧以及技能后所得到的结果。它代表的是众多选择当中的明智抉择，因此，你做出抉择之后，就会倾注全力达到这样的标准。

威尔逊上大学的时候就在一家著名的IT公司做兼职，由于表现出色，大学毕业后的威尔逊成为该公司的一名正式员工，他在公司里担任技术支持工程师。

初进这家公司，威尔逊只是技术支持中心的一名普通工程师，但他非常想干好毕业后的这第一份工作。当时，经理考核他的依据是记录在公司的报表系统上的"成绩单"。"成绩单"月末才能看到。于是他想：如果可以每天得到"成绩单"的报表，从经理的角度，岂不是可以更好地调配和督促员工？而从员工的角度，岂不是会更快地得到促进和看到进步？与此同时，他还了解到现行的月报表系统有一些缺陷：如遇到新产品发布等原因，业务量突然增大，或者一两个员工请病假，很多工作就会被耽误。

综合考虑了各种因素之后，威尔逊觉得自己有必要设计一个有更快速反应能力的报表系统。他花了一个周末的时间写了一个具有他所期望的基础功能的报表小程序。一个月后，威尔逊的"业余作品"——基于Web内部网页上的报表开始投入了使用，并取代了原来的Excel报表。由于在报表系统上出色的工作，公司总裁从中看到了他的一些潜在品质，认为他可以从更高的管理角度思考问题。工作两年后，年仅24岁的他就被提拔为公司历史上最年轻的中层经理，最近他更因在技术支持部门出色的工作表现而调任美国总部任高级财务分析师。一年以后，总裁亲自将一个重要的升迁机会给了威尔逊，让他担任公司在整个亚洲市场的技术支持总监。

在市场竞争如此激烈的今天，老板首先要考虑的是企业的生存与发展，高帽戴着再舒服也比不上企业利润的增长，因此，老板最赏识的职员，一定是那些业绩最好能让公司产生高效益的职员。

不管你在公司的地位如何，不管你长相如何，不管你的学历如何，你想在公司里成长、发展、实现自己的目标，都需要有业绩来保证自己的梦想得以实现。只要你能创造业绩，不管在什么公司你都能得到老板的器重，得到晋升的机会。因为你创造的业绩是公司发展的决定性条

件。

业绩是检验一切的标准，能带来业绩的员工是公司最宝贵的财产。在工作中，我们不要有太多的攀比，而应该把工作尽心尽力地做好，用业绩说话。不断提升自己的业绩，你会发现你的潜能在不断得到开发，你自身的价值在不断得到体现和提升，你在个人成长的道路上前进了一大步。当你发现自己获得了进步的时候，你已经为公司创造了更大的价值，公司在你和其他员工的共同努力下开始变得越来越强大。你的业绩有目共睹，你在公司中的地位和作用已经变得越来越重要，这就使得公司的成长越来越需要你的付出，而且公司已然在为你的成长提供更加广阔的空间。

能为公司解决问题的人，才是不可替代的

有一位智者说，这个世界上有两种人。

一种人是看见了问题，然后界定和描述这个问题，并且抱怨这个问题，结果自己也成为了这个问题的一部分。

另一种人是观察问题，并立刻开始寻找解决问题的办法，结果在解决问题的过程中自己的能力得到了锻炼、品质得到了提升。你是要像亚历山大一样，勇于解决问题，让自己成为问题的主宰，还是向问题妥协，让自己成为问题的一部分，其决定权完全在你手中。

作为公司的一员，你要想让老板器重自己，就必须想方设法，使他信任自己，而要想使老板信任自己，就必须让自己做到面对任何问题都能声色不变，处之泰然，并妥善解决。而不是把问题留给老板去解决。这样，你才能让自己成为老板身边不可或缺的人。善于动脑子分析问题并能妥善解决问题，不把问题留给别人的员工，无论在什么时候，都会是老板青睐的对象。

如果面对问题，你总不能妥善解决，那么问题就会成为你工作的负担，这样，不只是你本人的不幸，也是老板的不幸。因为企业在发展过程中，总会不可避免地遭遇到各种问题的困扰。它们的出现，就像太阳日升夜落般自然。所以，老板们迫切需要那种能及时化解问题的员工。

从根本上讲，老板欣赏处事冷静，善于解决问题的员工，正是惺惺相惜。因为老板们之所以能坐到老板的位置，敢于直面问题、能够妥善解决问题正是其中的一个重要原因。

在老板眼中，没有任何事情能够比一个员工处理和解决问题，更能表现出他的责任感、主动性和独当一面的能力。一个经常为老板解决问题的人，当然能得到老板的青睐。首先，他没有让问题延误，酿成大患；其次，他让老板非常省心省力，老板因此可以把精力集中到更重大的问题上。有了这样的员工，老板就少了很多后顾之忧。

一个不把问题留给老板的员工在问题出现时应当勇于面对，主动承担，而不是把问题背后的责任推给他人。然而在现代职场中勇于承担责任的人已经越来越少了，大家都学会互相推诿和转让责任，并美其名曰：转让风险。当你初涉职场的时候，会有些前辈非常老道地对你说：凡事不要揽责任，你才会在公司里不犯错误。但是这样的你在老板眼中从此就是一个缩头缩脑的人，一个不能把问题妥善解决的人。

一场众人期待的话剧演砸了，剧院经理非常生气，他把剧组的工作人员都叫来以便弄清楚究竟哪些方面出现了问题。经理首先问导演："说说你的看法。"

导演说了一大堆理由：编剧设计的台词过于拗口、服装师迟到十多分钟、灯光和美工没能按照要求工作、演员的表演还欠火候……

经理听了之后说："那么作为该剧的导演，你的责任是什么呢？"

导演说："出现这样的问题与我完全无关……"

没等他说完，经理又说："那么从今以后这里再也没有你什么事了。"

像例子中那个话剧导演一样，职场中经常会遇到类似的情境。

在某企业的季度会议上就可以听到类似的推诿。营销部经理说："最近销售不理想，我们得负一定的责任。但主要原因在于对手推出的新产品比我们的产品先进。"

研发经理"认真"总结道："最近推出新产品少是由于研发预算少。大家都知道杯水车薪的预算还被财务部门削减了。"

财务经理马上接着解释："公司成本在上升，我们能节约就节约。"

这时，采购经理跳起来说："采购成本上升了10%，是由于俄罗斯一个生产铬的矿山爆炸了，导致不锈钢价格急速攀升。"

于是，大家异口同声说："原来如此！"言外之意便是：大家都没有责任。

最后，人力资源经理终于发言："这样说来，我只好去考核俄罗斯的矿山了？"

这样的情景经常在各个企业上演着——当工作出现困难时，各部门不寻找自身的问题，而是指责相关部门没有配合好自己的工作。相互推诿、扯皮，责任能推就推，事情能躲就躲。最后，问题只有不了了之。

所以，工作中遇到林林总总的问题时，不要幻想逃避，不要犹豫不决，不要依赖他人意见，要敢于做出自己的判断。对于自己能够判断，而又是本职范围内的事情，大胆地去拿主意，不必全部禀明老板。否则，那只会显得你工作无能，也显得老板领导无方。让问题在你那儿解决掉吧。解决了这些问题，你才能迎来新的契机。否则，你一辈子注定要被打入冷宫。而当周围的人们都喜欢找你解决问题时，你无形中就建立起善于解决问题的好名声，取得了胜人一筹的竞争优势，老板必知道你是个良才。

"与其诅咒黑暗，不如点起一支蜡烛"，这句话是克里斯托弗斯的座右铭，它也应当成为指导我们工作和生活的一条准则。通过诅咒和抱怨我们什么也改变不了，黑暗和恐惧仍然存在，而且会因为人们的逃避和夸大而增加问题解决的难度。

然而，如果我们果断地采取行动，及时寻找解决问题的办法，哪怕我们只做了一点点努力，也会使我们朝着克服困难、解决问题的方向迈进一步。同时，我们还可能在积极努力的过程中寻找到不同的、更便捷的解决问题的方式。因为解决问题的关键就在我们身上。

第四章

完美执行，工作不要找借口

现代社会是一个讲究效率的时代。很多老板希望能够找到强有力地执行任务、不拖延、不找借口的员工。很多成功者真正的才能在于他们审时度势之后付诸行动的速度，这才是他们出类拔萃、真正成功的秘诀。什么事一旦决定，马上付诸实施是优秀员工共同的本质，在他们身上找不到任何借口和拖延的影子。

为什么你总是完不成工作?

在工作中，总有这样的员工，每次考评时，都会发现他们没有完成手中的工作。是他们的能力不够吗？不是，是他们有拖延的毛病、执行力不强的问题。

工作中的困难无处不在。有的人没有坚定的信念，这导致他们在困难来临时，首先想到的不是克服困难，而是逃避困难。于是，工作在他们的眼中就变成了不可能完成的任务。

每个人都有趋利避害的本性，在我们的潜意识中，安逸与享受是最快乐的，一旦这种潜意识占据了我们的灵魂，我们就会变得贪图安逸、害怕困难。

懒散、懈怠是心灵的毒药，也是失败的罪魁祸首。你是否认识到，在职场法则中，只有积极的态度才会给你带来成功？

没完成工作可能不是你不愿意面对困难，而是你没有意识到自己原本可以做得更好，在这之前，你认为自己已经尽了最大的努力了。下面这些是这类员工经常说的话：

"我尽了最大的努力，只能做到这样了！"

"这件事我做了很久，应该可以了吧？"

"有什么办法呢，我只能做到这样！"

"我们的挑战太大了，做到如今这样就很不错了！"

其实，事实并非这样。

有一个农夫新购置了一块农田。可他发现在农田的中央有一块大石头。

"为什么不铲除它呢？"农夫问。

"哦，它太大了。"卖主为难地回答说。

农夫二话没说，立即找来一根长铁棍，撬开石头的一端，意外地发现这块石头的厚度还不及一尺，农夫只花了一点点时间，就将石头搬离了农田。

也许，在一开始的时候，你会觉得坚持"马上行动"很不容易，但最终你会发现"马上执行"会成为你个人价值的一部分。而当你体验到他人的肯定给你的工作和生活所带来的帮助时，你就会一如既往地运用这种态度。

在一次众多企业老总举办的管理沙龙上，主持人做了这么一个测验，要求参与人员在20分钟内，将一份紧急材料送给《××晚报》社社长，并请他在回条上签字。主持人特别申明：不得拆看信中材料。

在这次测验中，有一名会员大胆地打开了资料袋，发现是个空信封，然后就提出了若干批评意见。主持人问各位受邀嘉宾："作为一名执行者，你认为他这样做，对吗？"

在场的老总回答的内容虽然五花入门，但几乎所有的人都说："打开信封是不对的，绝对不能看。"

在企业里，一名执行人员可以在执行任务之前尽量了解事实的背景，但一旦接受任务后就必须坚决地执行。领导层的命令，有的可以与执行者沟通、讲清理由；有的不行，有一定的机密性，有时就需要做而不需要知道。

对于执行，我们需要热情高涨的态度。如果员工一接到任务就想着怎么样去完成它，而不去考虑这个任务的可行性，这种员工就是我们要找的员工。如果首先是充满怀疑，犹豫不决，这样一来目标是无法实现的。

忙碌的人不肯拖延，他们觉得生活就像骑在一辆自行车上，不是保持平衡向前进，就是翻倒在地。效率高的人往往有限时完成工作的观念，他们确定做每件事情所需要的时间，并且强迫自己在预期内完满复命。即使你的工作并没有严格的时间限制，也应该经常训练自己。当你发现自己能在短时间内做更多的事时，一定会惊讶不已。

可以肯定地说，工作中，上司并不会安排给你客观上绝对无法完成的任务，所谓的"不可能"往往只是我们个人的主观认识，更多的时候不过是我们推托的一个借口。有一句老话说："看看乌龟，只要它伸出脑袋，它就会一直往前爬！"我们需要树立持续前进的信念，且不能因为有难度而停止，就如同一只持续前进的乌龟一样。

人生要想成功，就要一点一滴地奠定基础。先给自己设定一个切实可行的目标，确实达到之后，再迈向更高的目标。

现在就动手，马上行动吧！

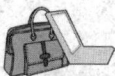

服从，还是敷衍？

在军队里，服从是军人的第一天职，因为军队里，只有遵守"服从第一"才能保证任务顺利完成，否则就可能导致战场上的流血牺牲。"服从第一"的理念，对企业同样有参考价值。

工作中，服从不仅是对领导命令的贯彻，它更多地表现为对工作积极接受的态度，意味着不逃避责任、热情投入以及牺牲精神。它常常在我们的生活中以另一种姿态出现，那就是"敬业"。

在执行中，对命令的尊重与服从是至关重要的。命令是贯穿起整个行动计划的关键，只有每个成员都能坚决服从命令并完成自身任务，才能保证整体行动的顺利进行。

一名称职的员工必须以服从为第一要义，没有服从观念，就不可能把自己的工作做好。每一位员工都必须服从上司的安排，就如同每一个军人都必须服从上司的指挥一样。大到一个国家、军队，小到一个企业、部门，其成败很大程度上就取决于是否完美地贯彻了服从的观念。

"糟了，糟了！"通用公司采购部的经理查理德放下电话，就叫嚷了起来："那家便宜的东西，根本不合规格，还是迈克尔的货好。"他狠狠地捶了一下桌子："可是，我怎么那么糊涂，还发E-mail把迈克尔臭骂一顿，还骂他是骗子，这下麻烦了！"

"是啊！"秘书詹妮小姐转身站起来说："我那时候不是说吗，要您先冷静冷静，再写信，您不听啊！"

查理德说："都怪我在气头上，以为迈克尔一定骗了我，要不然别人怎么那么便宜。"

查理德来回踱着步子，突然指了指电话说："把迈克尔的电话告诉我，我打过去向他道个歉！"

詹妮一笑，走到查理德桌前说："不用了，经理。告诉您，那封信我根本没发。"

"没发？"查理德惊奇地停下脚步，问道。

"对！"詹妮笑吟吟地说。

查理德坐了下来，如释重负，停了半晌，又突然抬头问："可是，我当时不是叫你立刻发出的吗？"

"是啊，但我猜到您会后悔，所以就压了下来！"詹妮转过身，歪着头笑笑。

"压了三个礼拜？"

"对！您没想到吧？"

"我是没想到。"

查理德低下头去，翻记事本："可是，我叫你发，你怎么能压？那么最近发南美的那几封信，你也压了？"

"那倒没压。"詹妮的脸更亮丽了，"我知道什么该发，什么不该发！"

"是你做主，还是我做主？"没想到查理德居然霍地站起来，沉声问道。

詹妮呆住了，眼眶一下湿了，颤抖着问道："我，我做错了吗？"

"你做错了！"查理德斩钉截铁地说。

詹妮被记了一个小过，但没有公开，除了查理德，公司里没有任何人知道。真是好心没好报！一肚子委屈的詹妮，再也不愿意伺候这位是非不分的上司了。她跑到总经理的办公室诉苦，希望调到总经理的部门。

"不急，不急！"总经理笑笑："我会处理"。

隔两天，果然做了处理，詹妮一大早就接到一份解雇通知。

在很多员工的理念中，服从就是"对的就服从，不对的就不服从"。其实这种观点是错误的。服从是无条件的，凡是老板的指令，作为员工第一时间就应该按指令去行动。

当然，上司的决策也有错误的时候，但是，作为一名下属你也应该遵从执行。你既不能事先加以肯定或指责，也不要事后加以抱怨或轻视他的决定。因为上司在作决定时，是经过了周密的考虑和计划的，所以他才会这样做。作为一个普通的员工也好或者说一个管理者也好，你很难断定决策是对的还是错的，因为很多东西在没有最终答案之前无法确定它是对是错。你认为不正确的，或者自己不能理解接受的，并不一定是错误的，它需要实践加以检验。

当然，你可以大胆地说出你的想法，让你的上司明白，作为下属的你不是在刻板执行他的命令，你一直都在斟酌考虑，考虑怎样做才能更好地把事情做好。但是，无论你在公司的职位有多高，只要你身为公司的员工，你就要谨记一点：你是来协助上司完成经营决策的，不是由你来制订决策的。所以，上司的决定，哪怕不尽如你意，甚至与你的意见完全相反，当你的建议无效时，你应该完全放弃自己的意见，全心全力去执行上司的决定，在执行时，如果发现这项决议的确是错误的，尽可能地使这项错误造成的损失降到最低限度。

　　服从命令的习惯不仅能让个人变得敬业，还能强化整个团队的工作能力。试想，如果团队中的每个人都具有完全的服从精神，对每项任务都认认真真去完成，谁又能不兢兢业业、竭尽所能？团队有如一部联动机，当所有的部件都能忠实执行自己的职责，整个机器才能运转自如，而当各个部件都有超常表现时，整个机器的性能就会呈指数倍地提高。

　　相反，各自为政的无政府主义不但会毁掉个人的前途，也会腐蚀掉整个团队的战斗力。对分配的工作百般推脱，这样的员工只会令老板徒增烦恼，更不可能被委以重任。同样，没有服从精神的团队，必定是一盘散沙。乐队中有一个乐手跑调，就会影响整场演出。在一个决策点上，太多的想法等于没有想法，这时候需要的只是一个声音！

　　每一个执行者都应该意识到自己的职责就是服从，并坚定不移、不遗余力地执行好，这样才能确保集体行动和总体任务圆满完成。

执行力决定竞争力

很多企业家会有这样的共识，凡是发展快且发展好的世界级公司，都是执行力强的公司。盖茨曾坦言："微软在未来10年内，所面临的挑战就是执行力。"IBM总裁郭士纳也认为：一个成功的公司管理者应该具备三个基本特征，即明确的业务核心、卓越的执行力及优秀的领导能力。中国阿里巴巴的马云也有同样的感受：三流的点子加上一流的执行力，永远要比一流的点子加上三流的执行力更好。任何事情计划得再好，不如现在就卷起衣袖开始做。

执行力到底重不重要？我们看到满街的咖啡店，唯有星巴克一枝独秀；同是做PC，唯有戴尔独占鳌头；都是做超市，唯有沃尔玛雄踞零售业榜首。很多企业的经营理念和战略大致相同，但绩效却大不相同，道理何在？关键就在于执行力！全世界做网络设备最大的思科公司，拥有垄断技术，思科总裁竟然认为公司的成功不在于技术，而在于执行力。

执行力是无数老板心头永远的痛。对于老板来说，无论在什么时候，身边最缺的始终是办事主动、执行力强的员工，而这样的员工，在老板眼中也始终是最具竞争力的。

好的决策未必有好的结果，如果执行得不好，这个结果可能就是不好的。一位老板曾这样抱怨说："我的思路已经到位，关键是下面的员工跟不上。总部制定了策略、计划，总是不能在分公司有效执行，分公司总认为总部的方案不好，叫他们自己出方案，他们又做不出来，即使做出来，也没有任何专业性，让你没办法批准。刚开始我以为是我们做计划的方式有问题，后来采取了参考下面计划的民主做法，还是不行。整个公司的效率非常低，真是头痛，所有分公司都是这样。"

执行力决定竞争力，不仅对企业如此，对员工来说，亦是如此。

优秀的员工应当具备超强的执行能力，无论遇到多大的困难，都能够使自己成为那个把信送给加西亚的人。执行是一种主动服从上司，坚持将任务进行到底，直至圆满结束的精神。执行需要一定的自主意识，要善于变通，而不是死守教条。

辛辛那提大学乔治·古纳教授在教授秘书学时，提到了这样一个案例：

一天，某公司经理突然收到一封非常无礼的信，信是一位与公司生意交往很深的代理商写来的。经理怒气冲冲地把秘书叫到自己的办公室，向她口述了这样一封回信："我没有想到会收到你这样的来信，尽管我们之间存在一些交易，但是按照惯例，我仍要将此事公之于众。"之后，经理命令秘书立即将信打印寄出。对于经理的命令秘书现在有四种选择：

照办法："是，遵命。"说完，转身回到自己的办公室将信打印寄出。

建议法：如果将信寄走，对公司和经理本人都非常不利。秘书想到自己是经理的助手，有责任提醒经理，为了公司的利益，哪怕是得罪了经理也值得。于是对经理这样说："经理，这封信不能发，消一消气，把它撕了算了。"

批评法：秘书不仅没有照办，反而向经理提出忠告："经理，请您冷静一点，回一封这样的信，后果会怎样呢？在这件事情上，难道我们自己就没有值得反省的地方吗？"

缓冲法：当天快下班时，秘书将打印出来的信递给已经心平气和的经理："经理，可以把信寄走了吗？"

秘书选择了缓冲法。他认为，照办法执行，作为秘书确实需要这种品质，但是仅仅"忠实坚决"照办，仍然可能失职。建议法是从整个公司利益出发，对于秘书来说，这种富于自我牺牲的精神也是难能可贵的，但是，这种行为又超越了秘书应有的权限。批评法是秘书干预经理的最后决定，也是一种越权行为。秘书认为，照办法和建议法这两种执行方式虽不足道，但毕竟还有商量的余地，批评法是最不可取的，而采用缓冲法，在秘书的职责范围内巧妙地对领导决策施加影响，既无越权之嫌，又收到了良好的效果，因而是最好的办法。

如果你不是秘书，你是否也可以从中汲取一些对你有用的东西？总结一下就是：

上司说什么就做什么，只能听命令行事的不是一个好部下。

虽是帮助上司，但超越职权范围，也是不可取的。

对上司发挥影响而不越位，才是正确的。

在以上的案例中，建议法被秘书排除了，因为有越权之嫌，不过在其他场合，下级给上级提建议或忠告，是执行上司指令的重要途径，也是正确之举。但效果如何，取决于你的行事方式，取决于你是否在正确的时间、地点，以正确的方式做正确的事情。为此，应该注意以下几点：

要在上司心平气和、心情好的时候提出，在上面的例子中，即使建议不越权，盛怒的经理恐怕也难以接受。

　　要多利用非正式场合，少利用正式场合；多利用非工作角色身份，少利用工作角色；尽量两人私下交谈，一般不要公开提意见。

　　要以变通的方式提出，多从正面去阐述自己的观点，而不要从反面去否定、批驳上司的观点，甚至可以有意回避或做迂回变通。

执行无理由，行动无借口

在我们的日常生活中，常听到这样一些借口：上班晚了，会有"路上堵车""手表停了"的借口；做生意赔了本有借口；工作落后了也有借口……只要有心去找，借口总是有的。久而久之，就会形成这样一种局面：每个人都努力去寻找借口来掩盖自己的过失，推卸自己本应承担的责任，从而影响自己的执行力。

借口妨碍行动，理由削弱执行力，两者都是管理中的超级病毒。

一个不找借口的员工，肯定是执行力很强的员工。对一个员工来说，工作就是一种职业使命，就是不找任何借口地去执行。

员工要完成老板交付的任务，就必须具有很强的执行力。接受任务，就意味着作出了承诺；作出了承诺，就要无条件地去实现。

任何一个老板都希望拥有更多的优秀员工，能不折不扣完成任务。当老板让你做更多更重要的工作时，你如果能认真执行，且不找任何借口的话，会让老板非常欣赏你。

我们应该形成这样一种习惯：面对任何一个问题时，多问"方法在哪里"，而绝对不要问"困难在哪里"。

我们更应该记住：执行的第一要义是纪律和服从。

一个成功人士曾讲过这样一个事例。他有一个朋友经常说这样一句话："行动无借口，执行无理由。"正是在这样的理念指引下，他们创造了一个又一个堪称奇迹的市场业绩。

2001年末，章先生召集我和其他几位高层领导开会时说："2002年我们销售目标要达到1.7亿元。"2001年的销售是8000多万元，1.7亿元等于是翻一番。当时，在场的人都认为这个目标太不切实际了，列出种种困难试图说服章先生，让他降低目标。章先生仍坚持1.7亿元。

2002年，在章先生的带领下，公司真的实现了1.7亿元销售额。公司上下举杯同庆之际，章先生提出2003年的销售目标是3.5亿元。这一回，高层管理者们已经不认为目标远大了，而是认为老板简直就是被胜利冲昏了头脑，在异想天开，不考虑现实条件，大家甚至做了一番测算，结论是即使公司能够拼下3.5亿元的市场，也生产不出那么多的产品。章先生的爱人也认为3.5亿元是不可能的事情。但章先生坚持自己的目标，并对前景做了一番分析。

在公司上上下下怀疑的目光中，2003年转瞬即逝。这一年市场形势一片大好，轻轻松松就实现了3.5亿元。年末，章先生提出新的目标：2004年实现7亿元销售额！7亿元？公司管理层又是一片哗然，因为每个人都觉得3.5亿元已经是登峰造极了。章先生提出的目标在2004年又一次变为现实。当他在2004年末提出2005年销售目标时，再也没有人怀疑了，大家都相信他的判断能力和办事效率了。

毋庸置疑，在"行动无借口，执行无理由"这一理念的支持和鼓舞下，李总他们还将创造一个又一个奇迹。

美国成功学家格兰特纳说过这样一段话：如果你有自己系鞋带的能力，你就有上大摘星星的机会！一个人对待生活、工作的态度，是决定他能否做好事情的关键。很多人在工作中寻找各种各样的借口来为遇到的问题开脱，而且养成了习惯，这是很危险的。

亚历山大年轻的时候就继承了马其顿王国，可这并不能满足他的野心。一次亚历山大因一场小型战争离开故乡，他的目光被一片肥沃的土地吸引，那里是波斯王国。于是他指挥士兵向波斯大军发起了进攻，并在一场又一场战斗中打败了对手。随后攻破的是埃及，埃及人将亚历山大视为神一般的人物。

卢克索神庙中的雕刻表明，亚历山大是埃及历史上第一位欧洲法老。为了抵达世界的尽头，他率领部队向东，进入一片未知的土地。二十多岁的时候，他就已经击败了阿富汗的地区头领。接着，他又很快对印度半岛上的王侯展开了猛烈进攻……在仅仅十多年的时间里，就建立起了一个面积超过200万平方英里的帝国。

亚历山大为什么会成功？为什么会成为历史上永远流传的英雄？原因就是他在任何情况下都不找借口，即使是条件不存在，他也毫不犹豫地去创造条件。没有人与生俱来就会表现能与不能，是你自己决定要以何种态度去对待问题。保持一颗积极、绝不轻易放弃的心去面临各种困境，不要让借口成为你工作中的绊脚石。唯有这样你才能像亚历山大大帝那样攻无不克、战无不胜，成就非凡的事业。

我们无法改变或支配他人，但一定能改变自己对借口的态度——远离借口的羁绊，控制借口对自己的影响力，坚定完成任务的信心和决心。越是环境艰难，越是敢于承担责任，锲而不舍，坚韧不拔，消除"借口"这条"寄生虫"的侵扰。很多借口其实都是我们自己找来的，牵强附会的，同样我们也完全可以远离、抛弃它们。"没有任何借口"不是冷漠或缺乏人情。如果打一个极端的比喻，假设迟到一分钟，你就要被枪毙，这时你还会让借口发生吗？而这样的情况，在战场上、在商场上，随时都有可能发生。

"没有任何借口"同时还体现出一种完美的执行能力。如果上司命令把某项任务"解决了"，而执行的员工却回答说："找不到人啊，无从下手啊，不会开机器啊，没有原料啊……"最后，上司急了，"你闪开，让我来干"。这样的员工不但会被淘汰出局，这样的企业也会有生存危险的。

GE前CEO杰克·韦尔奇曾经说过："在工作中，每一个人都应该发挥自己最大的潜能，努力工作，而不是耗费时间去寻找借口。因为公司安排你在某个岗位上，是为了让你解决问题，而不是听你那些关于困难的长篇累牍的分析。"他的话，代表了很多老板的心声。

寻找借口对于执行和问题的解决没有任何益处。习惯了寻找借口来为你掩饰之后，每当遇到困难，遇到不想去做的事时借口就像约好的客人如约而至。你的问题也是越积越多，你的激情也是越磨越淡，最终你沦落到一个普普通通的人。在老板的心目中你也成了退缩、畏惧的典型。

你甘心成为这样的人吗？你想成为老板的得力助手吗？你想成为一个不把问题留给老板的员工吗？从今天起就要学会不再为自己的工作找借口。

从现在起，从你的人生字典里把"借口"抹去，不要再为自己找任何借口。因为，优秀的员工从不在工作中寻找任何借口，他们总是把每一项工作尽力做到超出客户的预期，最大限度地满足客户提出的要求，也就是"满意加惊喜"，而不是寻找任何借口推诿；他们总是出色地完成上级安排的任务；他们总是尽力配合同事的工作，对同事提出的帮助要求，从不找任何借口推托。

"没有任何借口"做事情的人，他们身上所体现出来的是一种服从、诚实的态度，一种负责敬业的精神，一种完美的执行力。

执行不能盲从

执行不是盲从，也不是死守教条。面对多变的外部环境，我们要学会灵活变通的执行艺术。如果你是个才华出众的下属，真有能力，正确的方法不是无视领导而是认真去执行领导交办的任务，在执行中妥善地弥补领导的失误，在服从中显示你不凡的才智。这样，你就获得了优于他人的优势。

常言道，计划赶不上变化。任何计划在执行过程中都不是一成不变的。当遇到一些始料未及的情况时，一名优秀的执行者应当学会灵活变通，以确保任务的顺利完成。

在执行时学会变通，是员工做事之诀窍。员工如何提高自己的变通能力呢？

第一，善于改变自己的思维定式。人的思维方式，常常出现两大定式：一是直线型，不会拐弯抹角，不会逆向思维和发散思维；二是复制型思维，常以过去的经验作为参照，不容易接受新鲜事物。只要我们不拒绝变化，并且善于改变自己的思维习惯，善于改变自己的观念，我们就能走出困境，进入新的天地。

第二，有勇气应对变化。一个人想要学会变通，首先必须鼓足勇气。勇气是人的一种非凡力量，它虽然不能具体地去处理某一个问题，克服某一种困难，但这种精神和心态却能唤醒你心中的潜能，帮助你应对一切变化和困难。

第三，有信心开发潜能。如果你是一个充满信心的人，你有信心克服困难，有信心处理问题，有信心获得成功，那么，你身上的一切能力都会为你的信心去努力，你也就有可能成为你希望成为的那样；反之，如果你缺乏信心，总认为自己没有能力去做这一切，那么，你的一切能力也就会随之沉寂，自然你也就成为一个没有能力的人。

第四，要审时度势打破常规。所谓审时度势，就是要明察不同事物相似之处和相似事物的不同之处。作为员工如何审时度势呢？一是要有一个良好的心态。二是要学会换位思考。有位作家讲："肯替别人想，是第一等学问。""上半夜想自己的立场，下半夜想别人的立场。"香港著名企业家李嘉诚是一位十分擅长换位思考的人。他有一句名言："与人合作，你能分到十分，你最好只拿八分或七分，这样你就会有下一次合作。"三是要打破常规。世界著名科学家贝尔纳说："构成我们学习最大障碍的是已知的东西，而不是未知的东西。"莎士比亚也说："别让你的思想变成你的囚徒。"爱默生说："宇宙万物中，没有一样东西像思想那样顽固。"成语作茧自缚，就是习惯按所谓既定的规则行动，结果不敢越雷池一步。对于遵守常规的人来说，一切都是不可能的；而对于一个喜欢打破常规的人来说，一切都是可能的。

第五，要借助外力为我所用。员工不管自恃有多大本事，个人的力量毕竟是有限的，但是却可以借用外力，使自己强大起来，这也算是一种变通。借助别人的力量，自己就可以变得强大起来，这就是借助外力的变通术。

实践证明，不管你是觉察到还是没有觉察到，不管你是愿意还是不愿意，每个人时时刻刻都在寻求变通。所不同的是，善于变通的人越变越好，而不善于变通的人却是越变越差。员工掌握了变通艺术，就会应对各种变化，在变化中寻找到机会，在变化中获取利益。

忠诚——执行最大的动力

忠诚是执行任务的最大动力，这个理念在企业以及其他任何组织里，都是适用的。忠诚是一种美德，是一种责任，忠诚的员工做任何事情都是出于自发自愿的，他们对自己的工作任务会不折不扣地执行。

很多企业为员工制定了严格的工作制度，它们也期望企业制度能够成为执行的最大动力和保障。对于忠诚的员工，没有制度的规范，执行力也是不成问题的；但是，对于不够忠诚的员工，即使在你的严格要求下，他们也会找出各种各样的借口来拖延工作，逃避责任。因此，忠诚始终是执行的最大动力，也是任务得以执行的最佳保障。

任何企业，任何时候都会出现资源紧缺的时候，即使沃尔玛、可口可乐这一类大企业，也不能保证应有尽有，在这样的企业里执行任务，也不是你想象的那么容易。那些处于成长期的中小企业，就更不用说了。

很多时候，员工往往在条件不具备且资源又非常有限的情况下执行经营任务。成功的管理者都知道运用员工的忠诚来弥补条件和资源的不足。

忠诚的员工能够积极工作，他们会自发地在执行中创造条件，在执行中积累资源；相反，缺乏忠诚的员工只会寻找借口，比如"条件不具备，不能责怪我"等。要想提高企业决策的执行力，就需要雇用或重用忠诚的员工。

鲍勃尔原来是公司的生产工人，1992年的时候，他主动请缨，申请加入营销行列。当时，公司正在招聘营销人员，经理便同意了，而且各项测试显示他也适合从事营销工作。

那时，公司还很小，只有三十多个人，面临着许多要开发的市场，而公司却没有足够的财力和人力。因此，鲍勃尔只身一人被派往西部一个市场。在这个城市里，鲍勃尔一个人也不认识，吃住都成问题，但他心中对企业的忠诚以及对工作机会的珍惜使他丝毫没有退缩。没有钱乘车，他就步行，一家一家单位去拜访，向他们介绍公司的电器产品。他经常为了等一个约好见面的人而顾不上吃饭，因此落下了胃病。他租住的是一家人闲置的车库，由于只有一扇卷帘门，而且没有电灯，晚上门一关，屋子里就没有一丝光线，倒有老鼠成群结队地"载歌载舞"。那个城市的春天多有沙尘暴，夏天经常下冰雹，冬天则经常下雨，这样的气候无疑是严峻的考验，有一回，鲍勃尔差点被冰雹击晕。公司的条件差到超乎鲍勃尔的想象，有一段时间，连产品宣传资料都供不上，鲍勃尔只好买来复印纸，自己用手写宣传资料，好在他写得一手好字。

在这样艰苦的条件下，人不动摇是不可能的。但每次动摇时，鲍勃尔都对自己说：必须忠诚于我从事的这份工作，不能抛弃它。一年后，派往各地的营销人员回到公司——当然，其中有六成人员早已不堪工作艰辛而悄无声息地离职了——鲍勃尔的成绩竟然是最好的。

最好的员工自然得到最好的回报，三年后，鲍勃尔被任命为市场总监，这时，公司已经是一个拥有上千人的中型企业了。

面对困难，不同的人有不同的应对措施，忠诚的人会选择面对，而且会想出各种方法来克服；不够忠诚的人，他们会选择逃避，他们或满嘴借口，或跳槽而去。

企业要想发展壮大，高层的决策就必须保证得到执行。一个企业，即使拥有了最好的方案，但是如果得不到执行，仍然是没有竞争力的。影响执行力的因素很多，但是，忠诚却是执行力的最大动力。

在TCL，一次公司决定撤出某型号机器，所有的店面都接到通知，并于规定日期内完成。

某日，TCL一位高级经理在到店面巡视时发现有一家并未将其中一台撤下架，询问其原因，该店面的负责人高某这么解释："主要是我认为此种机器的机型还比较新颖，只要给我一周的时间，我一定能将其以合理的价格售出。"此事的结果也正如这工作人员所承诺的一样：在很短的时间内即以较高的价格成交。面对此种情形，该名高级经理在接受采访时如是说："虽然说这名负责人成功售出了该机器，但我依然不太赞成他的做法。因为公司的决定有时员工并不能了解全部情况，因此我们需要的是员工能尊重、执行。即便是站在为公司利益的角度，也不鼓励这种行为。有好的建议想法可以向公司反映，但不能不去执行公司作出的决定。"

工作中每个人都会碰到上司交代任务的情况，这时，你会很自然地想到两个问题：第一，这是一件非常艰巨的任务，需要花费很大的精力和时间，我能不能办？或者应该怎样去办？第二，向你布置任务的上司正在等待你表态，等待你给他一个明确的答复，你是尽自己最大努力去做，还是对上司说"不"？

一个团队的执行力与忠诚的品格，需要我们用生命去践行。

忠诚不谈条件，忠诚不讲回报。

忠诚是一种义务，忠诚是一种责任，忠诚是一种操守。

忠诚是人生最重要的品质。

如果我们失去了忠诚，对一些任务总是执行不力，而不是超越困难、执行到底，那么我们的团队势必会如同一盘散沙，毫无战斗力、竞争力。

身在一个团队中，就是同生共死、荣辱与共的关系，无论是为了公司的良性发展，还是为了自己的卓越成长，都需要我们用生命去执行，并用此来捍卫忠诚的尊严。

因此，企业在选人和用人时，应该将忠诚度放在首位。个人能力强但是缺乏忠诚的"能人"，虽然个人执行力越强，但对企业的伤害力越大。比较起来，既具有个人能力又具有忠诚的人往往是最受欢迎的。

执行，对结果负责

以前我们常说："我努力了，所以我问心无愧。"而现在我们必须说："我努力了，而且做得很好。"注重结果就是强调无条件执行。

注重结果的人看重贡献，会将自己的注意力投向公司及个人的整体业绩，而不是自己的报酬和升迁。他们的视野广阔，在工作中，他们会认真考虑自己现有的技能水平、专业，乃至自己领导的部门与整个组织或组织目标应该是什么关系，进一步，他们还会从客户或消费者的角度出发考虑问题。这是因为，不管生产什么产品，提供什么服务，其目的都是帮助消费者或顾客解决问题。

能够经常自我反省"我究竟做到了什么"，这说明他对工作极为负责，想充分发掘自己具备但还没有被充分利用的潜力。那些不懂得反省"我究竟做到了什么"的人，不但会把目标定得太低，致使不能充分发挥主观能动性去工作。

美国施乐公司曾经辉煌一时，施乐的辉煌源于20世纪最伟大的发明之一——静电复印技术，因为这项伟大的发明，施乐公司从1962年起，跻身于全球500强企业的行列，成为复印机业的领军人物。

但正是这样一家成功的公司，最后却被竞争对手无情地甩在身后，论其原因，可谓"成也萧何，败也萧何"。

施乐长期凭借着静电复印技术，久居龙头老大之位，时间长了，对市场的变化失去了警觉，新产品千呼万唤也难见踪影。

当传统的复印机已经不能与电脑等新型的办公设备相关联工作时，施乐公司还在一门心思地生产传统复印机产品。而此时，日本的佳能公司则推出了颇受现代办公族欢迎的中小型数码复印机。

一边，施乐还躺在前人的功劳簿上，赢利能力衰退，新产品的研发也停滞不前；另一边，佳能则不断努力，推出迎合市场变化的新产品。数字化时代到来的时候，保守的施乐公司终于难以生存下去，几乎面临破产和倒闭。

2000年，施乐复印机在美国几乎失去了1/3的市场份额，佳能复印机如愿以偿地坐上了美国复印机市场的头把交椅。到了年底，施乐公司不得不以5.5亿美元的价格将股权转让给了日本富士公司。

市场竞争激烈无比，如果企业给客户、给市场提供的"结果"——产品——跟不上市场的需求，得不到客户的认可，那么任凭你曾是业界霸主，还是龙头老大，你的结局就是退出市场，退出舞台。

赢得好结果，是公司能够保持优势生存，缔造长青基业的根本保障。放弃了对结果的坚守，就是放弃了公司生存的底线。剥去许多结果的缀衬，我们会发现，无论多么华美的装饰和形式，都不能替代结果存在的意义。

摩托罗拉是一家优秀的公司，但在连续多年的成功之后，公司文化中以技术为中心的工程师导向开始抬头，为此摩托罗拉付出了沉重的代价。

1991年，摩托罗拉公司正式决定建立由77颗低轨道卫星组成的移动通信网络，并以在元素周期表上排第77位的金属"铱"命名。1997年铱星系统投入商业运营，通过使用卫星手持电话机，透过卫星可在地球上的任何地方拨出和接收电话信号。

铱星移动通信系统为用户提供的主要业务是：移动电话(手机)、寻呼和数据传输。从技术角度看，铱星移动通信系统在技术上突破了很多障碍，系统基本结构与规程已初步建成，系统研究发展的各个方面都取得了重要进展。在此期间全球有几十家公司参与了铱星计划的实施，可以说铱星计划从初期的确立、运筹和实施都是非常成功的。

整个铱星系统耗资达50多亿美元，每年光系统的维护费就要几亿美元。除了摩托罗拉等公司提供的投资和发行股票筹集的资金外，铱星公司还举借了约30亿美元的债务，每月仅债务利息就达4000多万美元。

当摩托罗拉公司费尽千辛万苦，终于在1998年11月1日正式将铱星系统投入使用时，命运却开了一个大玩笑，GSM手机已经完全占领了市场。由于原先定位的客户，早已被GSM系统吸引过去，铱星系统无法形成稳定的客户群，从而导致铱星公司亏损巨大，连借款利息都偿还不起，摩托罗拉公司不得不将曾一度辉煌的铱星公司申请破产保护，在回天无力的情况下，只好宣布终止铱星服务。

2000年3月18日，铱星背负40多亿美元债务正式破产。

铱星的失败，就是典型的工程师文化的失败。在摩托罗拉大举进攻高科技的铱星系统时，诺基亚却在手机的个性化应用上下功夫，一举推出了内置天线的手机。应当说手机天线的内置，称不上什么大发明，但诺基亚凭着这一创新，一举将摩托罗拉拉下了手机市场份额第一的位置。

从摩托罗拉的失败到诺基亚的兴盛，都说明了一个基本的道理：在市场竞争的意义上，要获得客户价值，就必须抛弃以自我为中心，而以结果为中心。只有这样，每一个人所做的东西才能体现消费者的价值，而不是体现自我的价值。而所有这一切，都在说明一个重要的工作原则：公司利益高于一切，唯有结果才能捍卫公司的最高利益。

优秀的员工一定是对结果负责的员工。他们关注于结果，并想尽一切办法去获得结果。

那些在工作中只强调过程或看重自己对下属拥有多少权利的人，不管他们有多么高的职位，都只能在工作中充当配角。而对那些看重贡献、强调结果的人来讲，不管他们的职位有多低，他们都具备"高级管理者"的素质，他们总是站在老板的角度考虑问题，他们的行动表明，他们能够承担组织的责任。

第五章

态度就是
竞争力

在企业中，我们可以看到形形色色的人。每个人都持有自己的工作态度：有的勤勉进取；有的悠闲自在；有的得过且过。工作态度决定工作成绩。我们不能保证员工有某种态度就一定能成功，但是成功的员工都有着一些相同的态度，即拥有积极态度的，才能拥有更强的竞争力。

没有平凡的工作岗位，只有平庸的工作态度

任何一个在职场的人都不想让老板炒了自己的"鱿鱼"。但是现实中，总有5%～10%的人会遭到解职，伤心地离开公司。那么，是什么让你失去了这个工作机会？是什么让你的公司对你做出这种无情的决定，是绩效考核不达标，工作态度不端正，影响团队的建设。与公司文化不符，还是经常违反公司的规定？在你接到公司要和你解除劳动合同通知的时候，有没有考虑自己是否尽力了？所以，无论是从公司还是员工来看，懒惰、拖延等消极的工作态度都是不可取的，它们不仅会使工作平庸，有损于公司的利益，还会使员工遭到解雇。

微软公司的前总裁比尔·盖茨曾对他的员工说："工作本身没有贵贱之分，对待工作的态度却有高低之别。"公司的人都是从最基层做起的，对工作有利的就是对自己有利的。如果一个人能够尽职尽责地做好自己的本职工作，坚持做好自己的每一份日常工作，那么，他的前途一定是不可限量的。

事实上，没有平凡的工作岗位，只有平庸的工作态度。无论你从事的工作多么琐碎，都不要看不起它。所有正当合法的工作都是值得尊敬的。只要你诚实地劳动，没有人能够贬低你的价值，关键在于你如何看待自己的工作。

生活中我们经常看到一些人抱怨自己的工作枯燥、卑微，轻视自己所从事的工作，无法全身心地投入工作。他们在工作中敷衍塞责、得过且过，将大部分心思用在混一混现在的工作上。这样的员工在任何地方都不会有成就，因为他们没有搞明白：你如看待自己的工作价值低，你自身的价值也不会高。

美国独立企业联盟主席杰克·弗雷斯13岁开始在他父母的加油站工作。弗雷斯想学修车，但他父亲让他在前台接待顾客。当有汽车开进来时，弗雷斯必须在车子停稳前就站到司机门前，然后去检查油量、蓄电池、传动带、胶皮管和水箱。

弗雷斯注意到，如果他干得好的话，顾客大多还会再来。于是弗雷斯总是多干一些，帮助顾客擦车身、擦挡风玻璃和车灯上的污渍。有一段时间，每周都有一位老太太开着她的车来清洗和打蜡。这个车的车内踏板凹陷得很深很难打扫，而且这位老太太极难打交道。每次当弗雷斯给她把车准备好时，她都要再仔细检查一遍，让弗雷斯重新打扫，直到清除掉每一缕棉绒和灰尘，她才满意。

终于有一次，弗雷斯忍无可忍，不愿意再侍候她了。弗雷斯的父亲告诫他说："孩子，记住，这就是你的工作！不管顾客说什么或做什么，你都要记住做好你的工作，并以应有的礼貌去对待顾客。"

父亲的话让弗雷斯深受震动，许多年以后他仍不能忘记。弗雷斯说："正是在加油站的工作使我学到了严格的职业道德和应该如何对待顾客，这些东西在我以后的职业生涯中起到了非常重要的作用。"

弗雷斯的例子告诉我们无论在什么样的岗位上，做什么样的事情，都不能轻视自己的岗位，怠慢自己的工作。

也许你曾因自己职位低微而有过怀才不遇的嗟叹；也许你曾因为自

己职务烦琐而失掉对工作的热情，觉得整日在办公室中度日如年；也许你曾因为自觉前途无望而逃避现有的工作责任，敷衍塞责，得过且过。当你看过下面这位法国老人对待工作的感人态度后，或许你就可以发现工作的真谛，更加珍惜自己目前的工作机会，充满热忱地对待自己的工作。

安东尼·罗宾是一位著名的演说家，有一次，他去巴黎参加研讨会，开会的地点不在他下榻的饭店。他仔细地看了一遍地图，发觉自己仍然不知道该如何前往会场所在的五星级旅馆，于是他便走到大厅的服务台，请教当班的服务人员。

这位身穿燕尾服、头戴高帽的服务人员，是位五六十岁的老先生，脸上有着法国人少见的灿烂笑容，他仪态优雅地摊开地图，仔细地写下路径指示，并带罗宾博士走到门口，对着马路仔细讲解前往会场的方向。

他的热忱及笑容让人如沐春风，他的服务态度彻底改变了安东尼原来觉得"法式服务冷漠"的看法。

在致谢道别之际，他微笑有礼地回应："不客气，祝你很顺利地找到会场。"接着他补了一句："我相信你一定会很满意那家饭店的服务，因为那儿的服务员是我的徒弟！"

"太棒了！"安东尼·罗宾笑了起来，"没想到你还有徒弟！"

老先生脸上的笑容更灿烂了，"是啊，25年了，我在这个岗位上已经工作了25年，培养出无数的徒弟，而且我敢保证我的徒弟每一个都是最优秀的服务员。"他的言语流露出发自内心的骄傲。

"什么？都25年了，你一直站在旅馆的大堂啊？"

安东尼不禁停下脚步，向他请教乐此不疲的秘密。

老先生回答说："我总认为，能在别人生命中发挥正面影响力，是件很过瘾的事情。你想想看，每年有多少外地旅客来到巴黎观光，如果我的服务能帮助他们减少'人生地不熟'的胆怯，而让大家feel right at home（感觉正像在家里一样)，因此有个很愉快的假期的话，这不是很令人开心吗？这让我感觉到自己成为每个人假期中的一部分，好像自己也跟着大家度了假一样地愉快。我的工作是如此的重要，许多外国观光客就因为我而对巴黎有了好感。"他说，"所以我私下里认为，自己真正的职业，其实是——'巴黎市地下公关局长'！"他眨了眨眼，爽朗地说。

安东尼·罗宾被老人的回答深深地震撼了，他从老人平静朴实的言语中感受到了一种不同寻常的力量，这种力量就是很多人能够脱离平庸，实现从优秀到卓越跨越的秘密所在。法国老人的事例告诉我们，没有平凡的工作岗位，只有平庸的工作态度，如果你总是抱怨自己职位卑微，看不到其中蕴含的机遇，那么你永远也走不出平庸的人生。

很多情况下，我们无法选择自己的工作，但我们可以选择自己对待工作的态度。无论在什么情况下，我们都应该充满热情地投入到自己的工作中，用创意和努力让自己的工作变得卓越而不平凡。

每一份工作都有它的价值

500强员工认为，世界上每一项工作都值得去做。他们不会轻视自己的工作，对每一项工作都会全力以赴、尽职尽责地去做。因为高楼大厦是经过一砖一瓦垒砌而成的，伟大的事业也是从平凡的工作中汇聚起来的。

很多人渴望证实自己的优秀，但却总是停留在梦想阶段，而不是从简单的工作做起，从而失去了很多展示自己价值的机会和走向成功的契机。而真正优秀的人，却把更多的时间用在了实际行动上。

一位年轻的修女进入修道院以后一直从事织挂毯的工作，做了几个星期之后她再也不愿意干这种无聊的工作了。

她感叹道："给我的指示简直不知所云，我一直在用鲜黄色的丝线编织，却突然又要我打结、把线剪断，这种事完全没有意义，真是在浪费生命。"

身边正在织毯的老修女说："孩子，你的工作并没有浪费，其实你织出的很小的一部分是非常重要的一部分。"

老修女带着她走到工作室里摊开的挂毯面前，年轻的修女呆住了。

原来，她编织的是一幅美丽的《三王来朝图》，黄线织出的那一部分是圣婴头上的光环。她没想到，在她看来没有意义的工作竟是这么伟大。

你可能永远都无法看到整体工作的美，但是缺少了你那部分，整体工作就不完整了，什么都不是了。

工作实质上并没有优劣之分，认真对待每一件事都算是做大事。

没有哪一个人的付出是没有意义的，每一个工作过程都成就了另一个过程，只有环环相扣，整体工作才会和谐美好。每个人各就各位，努力尽责并扮演好自己的角色，我们才可以顺利地完成一份共同的责任——让企业发展得更好！完整的工作才有意义，就像一部零件齐全的车才能在路上奔驰。我们不能想象一辆只有三个车轮的宝马汽车在大马路上飞速行驶。一只狮子，它对付一只大象时，会用尽其所有的专注、敏捷与力量，而当它对付一只兔子时，它使用的力量也是一样的。森林之王如此，人亦当如此。

我们认为，没有不重要的工作，如果每个员工都把哪怕是看似微不足道的工作做好，整个企业就一定能大有发展。

所以，不管是对于公司，还是个人，最重要的是将重复的、简单的日常工作做精细、做专业，并恒久地坚持下去，做到位、做扎实。

最优秀的人都是想方设法完成任务的人，最优秀的人都是不达到目的誓不罢休的人，最优秀的人都是"为了一个简单而坚定的想法，不断地重复，最终使之成为现实"的人。

而那些整日将意志、信念挂在嘴边的人，往往只会纸上谈兵，他们不敢面对残酷的现实，他们在逆境中退缩，他们谨小慎微而游移不定。毫无疑问，这样的人，永远不会取得成功——他们连获取成功所需要的最基本的健康心态都不具备！

成功，就是将简单的工作重复地做。"一旦你产生了一个简单而坚定的想法，只要你不停地重复它，终会使之变成现实。"这是美国GE公司前总裁杰克·韦尔奇对如何才能成功所作出的最好回答。

如果无法选择工作，那就好好干

在工作中，有时候我们无法选择自己的任务，但是我们可以选择自己对待工作的态度。对于那些需要我们做好的工作，不管任务大与小、难与易，对我们来说都是应该认真对待的。即使是那些看似微不足道的小任务，我们也不能敷衍了事，而是应该尽心尽力做好。

在美国一家麦当劳餐厅里，有一个快乐的面包师，他的名字叫杰克，他的工作是烤汉堡。他每天都很快乐地工作，尤其在烤汉堡的时候，他更是专心致志。许多顾客对他如此开心感到十分好奇，纷纷问他："烤汉堡的工作环境不好，又是件单调乏味的事，为什么你可以如此愉快地工作并充满热情呢？"

杰克说："在我每次烤汉堡时，我便会想到：如果点这汉堡的人可以吃到一个精心制作的汉堡，他就会很高兴，所以我要好好地烤汉堡，使吃汉堡的人能感受到我带给他们的快乐。看到顾客吃了之后十分满足，并且神情愉快地离开时，我便感到十分高兴，仿佛又完成了一件重大的工作。因此，我把烤汉堡当作我每天工作的一项使命，要尽全力去做好它。"

顾客听了他的回答之后，都对他能用这样的工作态度来烤汉堡感到非常钦佩。他们回去之后，把这样的事情告诉同事、朋友或亲人，一传

十、十传百，很多人喜欢来这家麦当劳店吃他烤的汉堡，同时看看"快乐烤汉堡的人"。

顾客还纷纷把他们看到的这个人认真、热情的表现反映给公司。公司主管在收到许多顾客的反映后，也去了解情况。公司有感于杰克这种热情积极的工作态度，认为值得奖励和栽培。没几年，他便升为分区经理了。

杰克把每做好一个汉堡并让顾客吃得开心当作自己的工作使命。他看出了烤汉堡这份工作背后的意义，那就是让所有吃汉堡的人感受到他所带给他们的快乐，正是这份使命感促使他充满责任感，满怀热情地做好这份并不"显赫"的任务。

一天，杰瑞站在一家商店的皮鞋专柜前，和受雇于这家商店的一名年轻人聊天。年轻人告诉杰瑞说，他在这家商店服务已经6年了，但由于这家公司的老板"目光短浅"，他的工作业绩并未得到赏识，他非常郁闷，但同时，他似乎对自己很有信心："像我这样一个学历不低、年轻有为的小伙子，还愁找不到一个体面而有前途的工作！"

正说着，有位顾客走到年轻人面前，要求看看袜子。这位年轻店员对这名顾客的请求不理不睬，仍在继续向杰瑞发牢骚，虽然这位顾客已经显出不耐烦的神情，但他还是不理。最后，等他把话说完了，才转身对那位顾客说："这儿不是袜子专柜。"

那位顾客又问，袜子专柜在什么地方。这位年轻人回答说："你问总服务台好了，他会告诉你怎样找到袜子专柜。"

6年来，这个内心抑郁的年轻人一直不知道自己为什么没遇到"伯乐"，没得到升迁和加薪。

　　3个月后，当杰瑞再次光顾这家商店时，没有再看见那位满腹牢骚的小伙子。商店的另一名店员告诉杰瑞，上个月，公司人员调整时，他被解雇了。"当时，他非常费解……"

　　年轻人也许只能继续郁闷，因为他没有明白，如果无法选择工作，那就只能好好干。

　　工作不是一个关于干什么事和得什么报酬的问题，而是一个关于生命的问题。工作就是充满热情，工作就是付出努力。正是为了成就什么或获得什么，人们才专注干什么，并在那个方面付出精力。

　　明白了这个道理，并以这样的眼光来重新审视我们的工作，工作就不会再是一种负担，即使是最平凡的工作也会变得意义非凡。

　　现任北京某学院副院长的任女士说，在她的职业生涯中，每一步都是组织上安排的，自己并没有什么自主权。但在每一个岗位上，她都有自己的选择，那就是要比别人做得更好。

　　大学毕业那年，她被分到某国大使馆做接线员。在很多人眼里，接线员是一个很没出息的工作，然而她却在这个普通的工作岗位上做出了不平凡的业绩。她把使馆所有人的名字、电话、工作范围甚至连他们家属的名字都背得滚瓜烂熟。当有些打电话的人不知道该找谁时，她就会多问，尽量帮他准确地找到要找的人。慢慢地，使馆人员有事外出时并不告诉他们的翻译，只是给她打电话，告诉她谁会来电话，请转告什么等。不久，有很多公事、私事也开始委托她通知，使她成了全面负责的留言点、大秘书。

　　有一天，大使竟然跑到电话间，笑眯眯地表扬她，这可是一件破天荒的事。结果没多久，她就因工作出色而破格调去给英国某大报记者处做翻译。

该报的首席记者是个名气很大的老太太，得过战地勋章，授过勋爵，本事大，脾气大，甚至把前任翻译给赶跑了，刚开始时也不接受她，看不上她的资历，后来才勉强同意一试。结果一年后，老太太逢人就说："我的翻译比你的好上十倍。"不久，工作出色的她又被破例调到美国驻华联络处，她干得同样出色，不久即获外交部嘉奖……对于员工来说，"出演小角色"的机会是没办法选择的，在工作中，你可能接到任何一种工作任务，不管难易，你都必须完成，这个时候抱怨和逃避是没有用的，只有迎上去勇敢地接受才是唯一的办法。如果你认为那个职位太低，你当然可以放弃那份工作，但是同时，你也放弃了一次锻炼自己的机会，甚至放弃了一个提升自己的可能。

演员可以从出演小角色的过程中锻炼自己的演技，为自己提供增进演技的机会。而员工则能够在做好那些看似微不足道的工作中积累工作经验，会让老板把关注的目光投到自己身上。很多总是抱怨自己不受重视的员工在改变了工作态度之后，才发现原来错误的工作态度是使自己错失良机的罪魁祸首。

端正态度，做好小事成就大事

杰克·梅迈尔说："在充满竞争的生存环境里，永远不会有中立者的位置。要么就进取，进而胜出；要么被淘汰，成为成功者的垫脚石。"要想在社会上充满竞争力，必须改变你的态度，态度能够使你在竞争中胜出。

里昂和阿内尔卡是同班同学，两个人大学毕业后，恰逢英国经济动荡，都找不到适合自己的工作，便降低了要求，到一家工厂去应聘。恰好，这家工厂缺少两个打扫卫生的人，问他们愿不愿意干。里昂略一思索，便下定决心干这份工作，因为他不愿意依靠领取社会救济金生活。

尽管阿内尔卡根本看不起这份工作，但他愿意留下来陪里昂一起干一阵子。他上班懒懒散散，每天打扫卫生时敷衍了事。一次，两次，三次，老板认为他刚从学校毕业，缺乏锻炼，再加上恰逢经济动荡，也同情这两个大学生的遭遇，便原谅了他。然而，阿内尔卡内心深处对这份工作抱着很强的抵触情绪，每天都在应付自己的工作。结果，刚干满2个月，他便彻底断绝了继续干这份工作的念头，辞了职，又回到社会上，重新开始找工作。当时，社会上到处都在裁员，哪儿又有适合他的工作呢？他不得不依靠社会救济金生活。

相反，里昂在工作中，抛弃了自己作为大学生——高等学历拥有者的身份，完全把自己当作一名打扫卫生的清洁工，每天把办公走廊、车间、场地都打扫得干干净净。半年后，老板便安排他给一些高级技工当学徒。因为工作积极，认真勤快，一年后，他成为一名技工。尽管如此，他依然抱着一种积极的态度，在工作中不断进取，认真负责。两年后，经济动荡的局面稍稍稳定后，他便成为老板的助理。而阿内尔卡此时才刚刚找到一份工作，是一家工厂的学徒。但是，他认为自己是高等学历拥有者，应该属于白领阶层。结果，在自己的工作岗位上，仍然把活干得一塌糊涂，终于在某一天又回到街头，去寻找工作。

初入公司的里昂和阿内尔卡在职业技能方面几乎没有差别，但由于对待工作态度的完全不同，两人事业发展也截然不同，态度在其中起到了决定性的作用。

生活中，每个人都有不同的职业轨迹，有的人成为公司里的核心员工，受到老板的器重；有的人一直碌碌无为，不被人知晓；有些人牢骚满腹，总认为自己与众不同，而到头来仍一无是处……众所周知，除了少数天才，大多数人的禀赋相差无几。那么，是什么使我们比别人更有竞争力呢？是"态度"！态度是内心的一种潜在意志，是一个人的能力、意愿、想法、价值观等在工作中所体现出来的外在表现。

良好的态度能帮助我们对于自己想实现的目标保持强烈的欲望，并且激发出应有的能力。当我们持续地集中力量、采取行动并开始收获时，我们就会成为其他人学习的榜样。我们的良好态度和热情能鼓舞其他人也采取行动。换句话说，态度和热情是可以传染的。

美国黑人华盛顿·卜克青年的时候，到一所学校请求入学。会见他的是一位校中的女职员，因为看见他的衣服褴褛，不肯收他。他独自坐在那里几个小时之久。那位女职员看见感到很稀奇，便告诉他说校中有一间屋子，需要人洗刷，问他能否做这件事。卜克同意了。

卜克殷勤洗濯地板，擦拭桌椅，把那间屋子清理得没有一点尘垢。过了一会儿，那位职员来到这间屋子里，拿出雪白的手帕擦拭桌椅，白手帕上竟没有一点污秽，便允许卜克入校读书。那个女职员就是要借着这件微小的工作试验一下华盛顿·卜克的人品，看看他是否谦卑，是否殷勤，是否能做好这件小事。

这个青年人后来果真成就了大事，兴办黑人的教育事业，不仅受到千万黑人的爱戴，而且受到千万白人的尊敬。

做任何工作，首先要具备的就是端正工作态度。

工作中有许多细微的小事，这往往也是被大家所忽略的地方，有心的员工不会看不起这些不起眼的小事的。俗话说："大处着眼，小处着手。"学做些小事，在老板看来，也许是填缺补漏，但时间长了，考虑事情周到、能吃苦、工作扎实的作风就会深深地印在老板心中。所以说，工作中的任何事情都值得我们全神贯注地去做。

最成功的员工是兢兢业业、把一切细节做得最完善的员工。

做事一丝不苟，意味着对待小事和对待大事一样谨慎。生命中的许多小事中蕴含着令人不容忽视的道理，很少有人能真正体会到。那种认为小事可以被忽略、置之不理的想法，正是我们做事不能善始善终的根源，它导致工作不完美，生活不快乐。

热忱是工作的灵魂

热忱这个字眼源自希腊语，意思是"受了神的启示"。对工作热忱，是一切希望成功的人——创造杰作的艺术家、卖肥皂的人、图书馆的管理员，以及各行各业的人员——必须具备的条件。

成功学大师卡耐基认为，对工作热忱的人具有无穷的力量。威廉·费尔波，是耶鲁大学最著名而且最受欢迎的教授之一。他在那本极富启示性的《工作的兴奋》中写道："对我来说，教书凌驾于一切技术或职业之上。如果有热忱这回事，这就是热忱了。我爱好教书，正如画家爱好绘画，歌手爱好歌唱，诗人爱好写诗一样。每天起床之前，我都兴奋地想着有关学生的事……人在一生中之所以能够成功，最重要的因素就是对自己每天的工作抱着热忱的态度。"

生活中有很大一部分人并不喜欢自己的工作，他们仅仅是为了生存而需要它，当没有机会可以选择其他的工作的时候，许多人会在平庸中沉沦。

对于职场人士来说，激情就如同生命。凭借激情，人们可以释放出潜在巨大能量，发展出一种坚强的个性；凭借激情，人们可以把枯燥乏味的工作变得生动有趣，使自己充满活力，培养自己对事业的狂热追求；凭借激情，人们可以感染周围的同事，让大家理解你、支持你，拥有良好的人际关系；凭借激情，人们更可以获得老板的提拔和重用，赢得宝贵的成长和发展的机会。

拿出100%的热情来对待1%的事情，而不去计较事情是多么的"微不足道"，你就会懂得，原来每天平凡的生活竟然是如此的充实和美好。

著名人寿保险推销员贝特格正是凭借着自己对工作的高度激情，创造了一个又一个奇迹。

贝特格转入职业棒球界不久，便遭到有生以来最大的打击，他被约翰斯顿球队开除了。他的动作无力，因此球队的经理有意要他走人。经理对他说："你这样慢吞吞的，根本不适合在球场上打球。贝特格，离开这里之后，无论你到哪里做任何事，若不提起精神来，你将永远不会有出路。"

贝特格没有其他出路，因此去了宾州的一个叫切斯特的球队，从此他参加的是大西洋联赛，一个级别很低的球赛。和约翰斯顿队175美元相比，每个月只有25美元的薪水更让他无法找到激情，但他想："我必须激情四射，因为我要活命。"

在贝特格来到切斯特球队的第三天，他认识了一个叫丹尼的老球员，他劝贝特格不要参加这么低级别的联赛。贝特格很沮丧地说："在我还没有找到最好的工作之前，我什么都愿意做。"

一个星期后，在丹尼的引荐下，贝特格顺利加入了康州的纽黑文球队。这个球队没有人认识他，更没有人责备他。在那一刻，他在心底暗暗发誓，我要成为整个球队最具活力、最有激情的球员。这一誓言成为他生命里最深刻的烙印。

每天，贝特格就像一个不知疲倦和劳顿的铁人一样奔跑在球场，球技也提高得很快，尤其是投球，不但迅速而且非常有力，有时居然能震落接球队友的护手套。

在一次联赛中，贝特格的球队遭遇实力强劲的对手。那一天的气温达到了37℃，身边像有一团火在炙烤。这样的情况极易使人中暑晕倒，但他并没有因此退却。在快要结束比赛的最后几分钟里，由于对手接球失误，贝特格抓住这个千载难逢的机会迅速攻向对方主垒，从而赢得了决定胜负的至关重要的一分。

发疯似的激情让贝特格有如神助，它至少起到了三种效果。第一，他忘记了恐惧和紧张，掷球速度比赛前预计的还要出色；第二，他"疯狂"般的奔跑感染了其他队友，他们也变得活力四射，他们首先在气势上压制了对手；第三，在闷热的天气里比赛，贝特格的感觉出奇地好，这在以前是从来没有过的。

从此，贝特格每月的薪水涨到了185美元，和在切斯特球队每月25美元相比，他的薪水在10天的时间里猛增了百分之七百，这让他一度产生不真实的感觉，他简直不知道还有什么能让自己的薪水涨得这么快，当然除了"激情"。

贝特格在事业上有所成就，与其说是取决于他的才能，不如说是取决于他的激情。凭借激情，他在烈日当空的酷热中超常发挥；凭借激情，他感染了成千上万的陌生人，使他们成为他的客户。

在这个社会中，职场人士承担着巨大的有形或者无形的压力。同事之间的竞争，工作方面的要求，以及一些日常生活琐事，无时无刻不在禁锢着我们的心灵。于是在种种的压力、种种的禁锢之后，无精打采、垂头丧气和漠不关心扼杀了我们心中对事业的追求和热忱。从热爱工作到应付工作，再到逃避工作，热忱的丧失使我们的工作变得单调而琐碎，毫无生气。每天的工作只是应付完了就行，既厌倦又无奈，不知道自己的方向在哪里，也不清楚究竟怎样才能找回曾经让自己心跳的激情。在老板眼中你也由一个前途无量的员工变成了一个普通的员工。

热忱是职场人士最漂亮的装饰，它可以让一个才能平平的人大放异彩，也可以让一个才能卓越的人黯然失色。在老板眼中，热忱是员工的一大亮点。要想在工作上取得成就，让老板对你青睐有加，就要保持对工作的热情。热忱是工作的灵魂，贯穿于整个生命，你在工作中所持的态度，使你与周围的人区别开来。

只有对工作充满激情，才能使自己对现实中所有的困难和阻碍毫无畏惧；激情，是一种能把全身的每一个细胞都调动起来的力量。在所有伟大成就的取得过程中，激情是最具有活力的因素。每一项改变人类生活的发明、每一幅精美的书画、每一尊震撼人心的雕塑、每一首伟大的诗篇以及每一部让世人惊叹的小说，无不是激情之人创造出来的奇迹。最好的劳动成果总是由头脑聪明并具有工作激情的人完成的。

然而在工作中，缺少激情的人屡见不鲜。因为缺少激情而没有工作动力，甚至产生推卸责任的态度在不同企业是常见的，当工作出现困难时，各部门不寻找自身的问题，而是指责相关部门没有配合好自己的工作。相互推诿、扯皮，责任能推就推，事情能躲就躲。最后，问题只有不了了之。

工作其实就像一堆煤山，热情就是火种，用热情去点燃煤山，工作就会燃烧起来，释放出巨大的能量。要想保持对工作持久的激情，就要给自己不断树立新的目标，挖掘新鲜感；把曾经的梦想拣起来，找机会实现它；审视自己的工作，看看有哪些事情一直拖着没有处理，然后把它做完……在你解决了一个又一个问题后，自然就产生了一些小小的成就感，这种新鲜的感觉就是让激情每天都陪伴自己的最佳良药。

糊弄工作就是糊弄自己

认真工作，最大的受益者会是自己。由此不难得出这样一个结论：糊弄工作，最大的受害者必定也会是自己。试想，一个想要找到金矿的采矿者，如果他认为在海滩上挖掘更容易，而因此就在那儿寻找金子的话，那他找到的肯定只是一堆堆沙子，而绝不可能是金子。只有在坚硬的石头和泥土中挖掘，才能找到想要的宝藏。

弗兰克做了一辈子的木匠工作，他因敬业和勤奋而深得老板的信任。当他年老力衰，对工作力不从心时，他对老板说，自己想退休回家与妻子、儿女共享天伦之乐。老板十分舍不得他，再三挽留，但是他去意已决，不为所动。老板只好答应他的请辞，但希望他能再帮助自己盖一座房子。弗兰克自然无法推辞。

弗兰克归心似箭，心思已全不在工作上了。用料也不那么严格，干出的活也全无往日的水准。老板看在眼里，但什么也没说。等到房子盖好后，老板将钥匙交给了弗兰克。"这是你的房子，"老板说，"我送给你的礼物。"

弗兰克愣住了，悔恨不已。他一生盖了那么多豪宅华亭，最后却为自己建了这样一座粗制滥造的房子。

同样一个人，可以盖出豪宅华亭，也可以建造出粗制滥造的房子，不是因为技艺减退，而是因为他没有认真地对待自己的工作。如果一个人希望自己一直能有杰出的表现，就必须始终认真负责地去工作，严于律己，善始善终。否则就会像老木匠弗兰克一样，辛辛苦苦一辈子到头来却因一次工作上的敷衍"糊弄"了自己。

在现实的工作中，有些员工只知道抱怨公司，却不反省自己的工作态度，他们根本不知道被公司重用是建立在认真完成工作的基础上的。他们整天应付工作，并发出这样的言论："何必那么认真呢？""说得过去就行了嘛。""现在的工作只是个跳板，那么认真干什么。"结果，他们失去了工作的动力，不能全身心地投入工作，当然，他们也不可能在工作中取得斐然的业绩。最终，聪明反被聪明误，失去了本应属于自己的升迁和加薪机会。

无论在什么地方，那些糊弄工作的人往往会成为裁员的"热门人选"。对于一个企业来说，拥有优秀的员工，企业的发展才能蒸蒸日上。如果公司内有太多的"糊弄员工"而公司不及时剔除的话，他们就会像一个烂苹果一样，迅速使箱子里的其他苹果也腐烂掉。让我们看一下通用电气的前首席执行官杰克·韦尔奇是怎样对待那些糊弄工作的员工的：

"每年，我们都要求GE公司的每一家分公司为他们所有的高层管理人员分类排序，其基本构想就是强迫我们每个公司的领导对他们领导的团队进行区分。"

"他们必须区分出：在他们的组织中，他们认为哪些人是属于最好的20%，哪些人是属于中间大头的70%，哪些人是属于最差的10%。"

"如果他们的管理团队有20个人，那么我们就想知道，20%最好的四个和10%最差的两个都是谁，包括姓名、职位和薪金待遇。表现最差的员工通常都必须走人。"

对韦尔奇的做法，戴尔公司董事长兼CEO迈克尔·戴尔也深有同感。当问到迈克尔解雇一名"最差"员工通常采用什么方法时，迈克尔回答说："动作要快，越快越好。如果有人持续表现欠佳，你可能以为等待会对他有利，那你就全错了。实际上，你会把事情搞得更糟。"

职场中提升最快的往往是那些工作认真、踏实肯干的人。而那些表观欠佳、应付工作的"最差"员工，也往往是公司最先考虑的辞退对象。

据此我们可以作出这么一个推断：今天你糊弄工作，明天工作就会"糊弄"你。如果今天你糊弄了自己的工作，那么明天你就有可能成为公司裁员的对象。

追求卓越，从平凡到优秀

　　卓越是一个从平凡到优秀的过程，卓越的人有远见卓识而不人云亦云，卓越的人追求真理而永不懈怠，一个追求卓越的人，必定是充满自信，勤奋忘我，拼搏进取的人。一个追求卓越的团体，必定是朝气蓬勃、奋发图强，充满生机和希望的集体，人生可以平凡，但不应安于平淡，一个成功者必有追求卓越的态度和智慧。

　　在一家销售公司，老板吩咐三个员工去做同一件事：去供货商那里调查一下商品的数量、价格和品质。

　　第一个员工10分钟后就回来了，他并没有亲自去调查，而是向下属打听了一下供货商的情况就回来做汇报。半小时后，第二个员工回来汇报。他亲自到供货商那里了解皮毛的数量、价格和品质。第三个员工90分钟后才回来汇报，原来他不但亲自到供货商那里了解了皮毛的数量、价格和品质，而且根据公司的采购需求，将供货商那里最有价值的商品做了详细记录，并且和供货商的销售经理取得了联系；在返回途中，他还去了另外两家供货商那里了解皮毛的商业信息，将三家供货商的情况做了详细的比较，制订出了最佳购买方案。

　　第一个员工只是在敷衍了事，草率应付；第二个员工充其量只能算是被动听命；真正尽职尽责地行事的只有第三个员工。

简单地想一想，如果你是老板你会赏识哪一个？如果要加薪、提升，作为老板你愿意把机会留给谁呢？答案是不言自明的。

也就是说，态度不仅仅和工作相关，对人的一生来说，它还具有更宽广的意义。让我们借用古代一位哲人的话来对此做一总结："态度决定你的高度！"拥有什么样的态度，将决定你会拥有什么样的人生。

一位心理学家在研究过程中，为了实地了解人们对于同一件事情在心理上所反映出来的个体差异，他来到一所正在建筑中的大教堂，对现场忙碌的敲石工人进行了访问。

心理学家问他遇到的第一位工人："请问你在做什么？"

工人没好气地回答："在做什么？你没看到吗？我正在用这个重得要命的铁锤，来敲碎这些该死的石头。而这些石头又特别的硬，害得我手都酸麻了，这真不是人干的工作。"

心理学家又找到第二位工人："请问你在做什么？"

第二位工人无奈地答道："为了每天50美元的工资，我才会做这样的工作，若不是为了一家人的温饱，谁愿意干这份敲石头的粗活？"

心理学家问第三位工人："请问你在做什么？"

第三位工人眼光中闪烁着喜悦的神采："我正参与兴建这座雄伟华丽的大教堂。落成之后，这里可以容纳许多人来做礼拜。虽然敲石头的工作并不轻松，但当我想到，将来会有无数的人来到这儿，再次接受上帝的爱，心中便时常为这份工作献上感恩。"

同样的工作，同样的环境，却有如此截然不同的态度。

一家好的公司，应该通过各种方式让员工明白，他们不会常因为完成了任务而得到老板的称赞、拍肩膀。他们应该学会重要的一课：自我奖励。

公司应该提供各种环境和经验，让员工学习从良好的表现中获得内心的满足与成就感。也就是说，他们不是凭一时冲动做事，也不是只为了老板的称赞，而是自动自发地、不断地追求卓越。

或许在过去的岁月里，有的人时常怀有类似第一种或第二种工人的消极看法，常常谩骂、批评、抱怨、四处发牢骚，对自己的工作没有丝毫激情，在生活的无奈和无尽的抱怨中平凡地生活着。

让我们像第三种工人那样，做最卓越的员工吧，并时常怀抱着一颗感恩的心。优秀的员工就如同优秀的士兵一样，他们具有一些共同的特质，他们是具有责任感、团队精神的典范；他们积极主动，富有创造力；他们不找任何借口。

追求卓越、拒绝平庸是职业人士必备的品质之一。拿破仑曾鼓励士兵："不想当将军的士兵不是好士兵。"

第六章

对工作负责，就是对自己负责

　　责任是一种精神，如果让他成为一种动力，便能让人战胜胆怯。一个人的责任感可以让别人懂得什么是责任。一个人承担起责任，并时时保持一种高度的责任感，会让其他人受到感染，并树立起自己的责任感。

使命感让工作更出色

当一个人以虔诚的态度去对待生活和工作时，他能够感受到：承担、履行责任是天赋的职责和使命。

从某种意义上来讲，对于角色的最大投入就是对责任的完成。正是责任，让人们在困难时能够坚持，让人们在成功时保持冷静，让人们在绝望时懂得不放弃，因为人们的努力和坚持不仅仅为了别人，更是为了自己。

从前有个国王叫狄奥尼西奥斯，他统治着西西里最富庶的城市西拉库斯。他住在一座美丽的宫殿里，里面有无数价值连城的宝贝，一大群侍从恭候两旁，随时等候吩咐。

狄奥尼西奥斯有如此多的财富、如此大的权力，自然很多人羡慕他的好运。达摩克利斯就是其中之一，他是狄奥尼西奥斯最好的朋友。达摩克利斯常对狄奥尼西奥斯说："你多幸运呀，你拥有人们想要的一切，你一定是世界上最幸福的人。"

有一天，狄奥尼西奥斯听厌了这样的话语，问达摩克利斯："你真的认为我比别人幸福吗？"

"当然是的，"达摩克利斯回答，"看你拥有的巨大财富，握有的巨大权力，你根本一点烦恼都没有。生活还有什么比这更美满的呢？"

"或许你愿意跟我换换位置。"狄奥尼西奥斯说。

"噢，我从没想过，"达摩克利斯说，"但是只要有一天让我拥有你的财富和幸福，我就别无他求了。"

"好吧，跟我换一天，你就知道了。"

就这样，达摩克利斯被领到王宫，所有的仆人都被引见到达摩克利斯跟前，听他使唤。他们给他穿上皇袍，戴上金制的王冠。达摩克利斯坐在宴会厅的桌边，桌上摆满了美味佳肴，鲜花、美酒、稀有的香水、动人的乐曲，应有尽有。达摩克利斯坐在松软的垫子上，感觉自己成了世上最幸福的人。

"噢，这才是生活。"达摩克利斯对坐在桌子那边的狄奥尼西奥斯感叹道，"我从来没有这么尽兴过。"

他举起酒杯的时候，抬眼望了一下天花板，头上悬挂的是什么？尖端要触到自己的头了！达摩克利斯身体僵住了，笑容从唇边消逝，脸色煞白，双手颤抖。他不想吃，不想喝，也不想听音乐了。他只想逃出王宫，越远越好，哪儿都行。原来，他头顶正悬着一把利剑，仅用一根马鬃系着，锋利的剑尖正对准他双眉之间。他想跳起来跑掉，可还是忍住了，怕突然一动会扯断细线，使剑掉落下来。他僵硬地坐在椅子上，一动不动。

"怎么啦？朋友？"狄奥尼西奥斯问："你好像没胃口了。"

"那把剑！剑！"达摩克利斯小声说，"你没看见吗？"

"当然看见了，"狄奥尼西奥斯说，"我天天都看见，它一直悬在我头上，说不定什么时候什么人或物就会斩断那根细线。或许哪个大臣垂涎我的权力欲杀死我，或许有人散布谣言让百姓反对我，或许邻国的国王会派兵来夺取王位，或许我的决策失误使我逊位。如果你想做统治者，你就必须冒各种风险，风险与权力同在，这你知道。"

"是的，我知道了。"达摩克利斯说，"我现在明白我错了。除了财富、荣誉，你还有很多忧虑。请回到你的宝座上去吧，让我回到我自己的家。"

在达摩克利斯有生之年，他再也不想与国王换位了，哪怕是短暂的一刻。

这是一个极为古老的故事，它很好地提醒了我们：如果我们渴望享受成功，就必须承担随之而来的责任。

正如蜜蜂的天职是采花造蜜，猫的天职是抓捕老鼠，蜘蛛的天职是张网捕虫，而狗的天职则是保护主人的家园一样。造物主似乎对每个物种都有了职责上的安排。人，作为万物的灵长、天地的精英，同样具有他与生俱来的职责和功能。人来到世上，并不是为了享受，而是为了完成自己的使命和安排。

在这个世界上，每一个人都扮演了不同的角色，每一种角色又都承担了不同的责任，从某种程度上说，对角色饰演的最大成功就是对责任的完成。正是责任，让我们在困难时能够坚持，让我们在成功时保持冷静，让我们在绝望时懂得不放弃，因为我们的努力和坚持不仅仅为了自己，还因为别人，这是社会法则、道德法则，也是心灵法则。

有很多人是能够明白自己的责任的，但是坚持不懈地承担下去却不是很多人能够做到的。有些时候，坚持就是一种责任，尤其是在最困难的时候。

一个企业的发展，并不总是一帆风顺的。如果企业的领导者和员工在困难的时候懂得坚持的意义，那么在某种程度上就是坚守和承担自己的责任。所以，无论是企业的领导者还是企业的员工，如果我们正在困境中徘徊，请记住，再坚持一下，这是我们的责任，而责任会让我们得到最后的微笑。

有一家濒临破产的企业，几乎所有的员工对自己的企业不抱什么希望，就等着失业回家了。但是新任经理贝尔却一直没有失去信心，他知道自己企业毛病在哪儿，他知道只要坚持不懈地改善，就一定会有转机，就一定能够收到订单的。他鼓励员工继续工作，千万别失望，不到最后关头，就还有希望。

他鼓励技术人员进行技术改造，自己亲自去跑业务，拉订单。虽然他也知道希望渺茫，但坚持就会有希望，就会有转机的。员工看到经理都没有失去信心，也就没有放弃希望，说不定真的会有机会呢？

经理贝尔的苦心坚持终于得到了回报，有人给他们企业下订单了。贝尔告诉自己，也告诉员工，继续坚持，就会有更大的希望。果然，在贝尔和员工的一起努力下，终于使企业走出危机边缘，开始了正常的运营。

的确，这个社会需要的正是这种深深的责任感。我们不仅对自己负有责任，还要对别人负有责任，对集体负有责任。尤其是在一个公司里，公司就像一个大机器，每一个人都是机器上的一个齿轮，任何一个齿轮松动都会引起其他齿轮的非正常运转，进而影响整个机器。

清醒地意识到自己的责任，并勇敢地扛起它，无论对于自己还是对于社会都将是问心无愧的。人可以不伟大，人也可以清贫，但不可以没有责任。任何时候，我们不能放弃肩上的责任，扛着它，就是扛着自己生命的信念。

责任让人坚强，责任让人勇敢，责任也让人知道关怀和理解。因为我们对别人负有责任的同时，别人也在为我们承担责任。

让责任成为一种动力

一位成功的青年企业家在回顾自己公司曾遭遇的一次危机时说："当我们的公司遭遇到了前所未有的危机时，我突然不知道什么叫害怕，我知道必须依靠我的智慧和勇气去战胜它，因为在我的身后还有那么多人，可能就因为我，他们从此倒下。我不能让他们倒下，这是我的责任。所以我在最艰难的时候，才变得异常地勇敢。当我们走出困境的时候，我对自己的勇敢表示难以置信，我会这么勇敢吗？是的，那一次遭遇让我真正明白了，唯有责任，才会让你超越自身的懦弱，真正勇敢起来。"

一个人如果具备了强烈的责任感，一定会目标明确、生机勃勃，面对任何艰难困苦的挑战绝不犹豫、退缩。

这是一个民间登山队，他们要对世界第一峰——珠穆朗玛峰发起进攻，虽然人类攀登珠峰已经不止一次了，但这是他们第一次攀登世界最高峰。队员们既激动又信心十足，他们有决心征服珠穆朗玛峰。

经过考察后，他们选择自己状态很好，天气也很好的一天出发了。攀登一直很顺利，队员们彼此互相照应，没有出现什么问题，高原缺氧的情况也基本能够适应。在预定时间，他们到达了1号营地，大家都很高兴，因为有了一个良好的开始，就等于成功了一半。

第二天，天气突然发生了变化，风很大，还有雪。登山队长征求大家的意见，要不要回去，因为要确保大家的生命安全。生命只有一次，登山却还有机会，但是大家都建议继续攀登，登山本来就是对生命极限的一种挑战。

于是，登山队继续向上攀登。尽管环境很恶劣，但是队员征服自然，征服珠穆朗玛峰的信心却十足，大家小心翼翼地向上攀登。"队长，你看！"一个队员大喊，大家寻声望去，在离他们很远的地方发生了雪崩。虽然很远，但雪崩的巨大冲击力波及了登山队，一名队员突然滑向另一边的山崖，还好在快落下山崖的那一刻，他的冰锥深深地插进了雪层里。他没有滑落下去，但他随时有可能被雪崩的冲击力推下去。

形势严峻，如果其他队员去营救山崖边的队员，有可能雪崩的冲击力会把别的队员冲下山崖。如果不救，这名队员将在生死边缘徘徊。

队长说："还是我去吧，我有经验，你们帮我。大家把冰锥都死死地插进雪层里，然后用绳子绑住我。""这很危险，队长。"队员们说。

"已经没有犹豫的时间了，快！"队长下了死命令。大家迅速动起手来，队长系着绳子滑向悬崖边，他死命地拉住了抱住冰锥的队员，其他队员使劲把他俩往上拉。就在下一轮雪崩冲击到来之前，队长救出了这名队员。

全队沸腾了，经过了生死的考验，大家变得更坚强了。

最终，登山队征服了珠峰。站在山峰上，他们把队旗插在山峰的那一刻，也把他们的荣誉和责任留在了世界上最纯净的地方。

后来，队长说："当时我也非常恐惧，随时可能尸骨无存，但我知道，我有责任去救他，我必须这么做。责任的力量太大了，它战胜了死亡和恐惧。"

　　责任不仅让人勇敢，还能战胜死亡和恐惧。面对责任，我们无从逃避，只有勇敢地迎上前去。

　　作为公司的一名员工，也应该像故事中的那名登山队长一样，忠实地履行自己的职责，勇敢地承担起自己工作中的责任，在工作的过程中采取主动进取的方式去化解眼前的危局。一个人只有主动面对危机，不怕承担责任，在危机面前，大胆向前，主动负责，才能够表现出自己的优秀品质和卓越能力。

　　一家人力资源管理机构曾经做过一次这样的试验：试验的参加者们都被告知连续跑完五个四百米接力赛是他们这次行动的使命。参加试验的人被分成两个团队，每个团队又按照四人一组的方式分成若干小组，其中一个团队的各小组成员均被告知"在规定时间内跑完全部赛程，这是你们必须尽到的责任，不能尽到自己职责的人将被淘汰"，而另一个团队则没有接到任何有关责任的提示。

　　试验的结果表明，第一团队90%的小组在规定时间内跑完了全程，另外的10%虽然超过了规定时间，但他们仍然尽全力跑完了全程。而在第二团队中，只有20%的小组在规定时间之内跑完了全程，另外还有20%的小组跑完了全程，但是所用的时间却远远超过了规定时间。

　　任何一个伟大使命之所以伟大，是因为完成它需要付出艰难的努力和不懈的奋斗。要想完成任何一个伟大的使命，都必须依靠高度责任心的有力推动。伟大的人类从一生下来就要承担上天赋予的神圣使命，但是如果失去了责任心，任何使命都无从谈起。

　　员工只有给自己更高的价值观定位之后，才能从行动上不满于现状，不断地学习，从而更好地开拓和解放自己。一个优秀的员工，在信奉忠诚、诚信、公正、正直的道德准则的前提下，对于责任的理解会更加深刻。每个人既要承担社会责任、家庭责任，更要明确肩负的工作责任，工作责任是员工最重要的责任。

从工作上讲，责、权、利三者的统一是很重要的，但是责任是摆在第一位的，没有了责任，权与利就根本无法实现，因此个人利益讲得太多，不仅会妨碍自己责任心的发挥，更不利于摆正心态，难以取得更大的成功。

没有利益是不可能提高自己的生活质量的。作为一个从事某项工作的员工，关心自己的利益无可厚非；但是，对于一个员工来说，最重要的是责任，责任高于权力和利益，如果只看重自己的权与利而不能尽职尽责，就很难是一个真正的好员工。一个组织有责任提升员工的生活品质，但是一个组织所承担的不仅仅是个人的利益，还有社会利益，还有经营与市场的风险，一个组织不可能把积累的财富散尽而不顾将来的发展。员工作为个人，通过努力提升自身的素质，为组织创造更大的财富，获得自己的成长与回报，实现肩负的组织责任。

作为一名优秀的员工必须正确地处理好责、权、利三者的关系。在实际工作当中，不断培养自己的责任感，培养自己认真负责的态度。

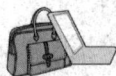

勇于担当的人最有魄力

遇到责任是推卸还是担当，是每一名员工在工作中都会遇到的问题。勇敢承担自己的责任，出现问题不把责任推给别人，这样才能够保证工作顺利进行。

在企业，最需要勇于担当的员工，勇于担当的员工最有魄力。

布鲁诺是美国某公司的财务人员。一天他在制作工资表时，给一个请病假的员工定了全薪，忘了扣除请假那几天的工资。后来布鲁诺找到了这名员工，告诉他下个月要把多给他的钱扣除。但这名员工说自己的手头太紧，看病花去了他大部分积蓄，请求分期扣除。但这样做的话，布鲁诺就一定要向老板请示。

布鲁诺知道，老板知道这件事一定会非常不高兴的，但布鲁诺认为这混乱的局面是因为自己的失误造成的，因此他必须负起这个责任，去向老板承认错误。

当布鲁诺走进老板的办公室，告诉他自己犯的错后，出乎意料的是老板竟然大发脾气说这是人事部门的错误，不关他的事。但是布鲁诺坚持说这是他的错误。老板又大声地指责这是会计部门的疏忽，布鲁诺再度强调这是因他的失误所为，与别人无关。这次老板笑了，说："好样的，我这样说，就是看你承认错误的决心有多大，会不会就此找理由推脱自己的责任。"最后，老板心平气和地说："好了，现在你去把这个问题解决掉吧！"事情终于解决了。从那以后，老板更加赏识布鲁诺了。

每个人都不希望在工作中出现失误，但是"人非圣贤，孰能无过"，人不可能不犯错误。如果错误发生了，其中的部分原因还是因自己而起，就应该勇于承担，并弥补错误。

一个人对待错误的态度可以直接反映出他的敬业精神和道德品行。出现差错，是绝不推脱，勇敢地承担起自己的责任，还是拼命寻找一些客观原因去掩盖错误，或为错误辩解，这正是优秀员工与平庸员工的显著区别。

A公司是重庆一家中等规模的食品公司。由于厂房地势较低，每年都要经历一至两次的抗洪抢险。有一年夏天，老板出差到海南去了。出差之前，他叮咛几位主要负责人："时刻注意天气预报。"

有一天晚上，远在海南的老板给几位负责人打电话，因为他看到天气预报说有雨，担心厂房被淹。当时，厂房所在地已经下雨了，可能由于天气原因，老板一连打了几个电话，都打不通，最后打到了人力资源部经理的家里，让他立即到公司查看一下。

"嗯，我马上处理，请放心！"接完电话，人力资源部经理并没有到公司去，他心里想：这事是安全部的事情，不该我这个人力资源部经理去处理，何况我的家离公司还有好长一段路，去一趟也费事。于是，他给安全部经理打了一个电话，提醒他去公司看一下。

安全部经理接到电话后十分不悦，认为人力资源部经理无权管理安全部内部的事情。于是，他也没有去公司，他心想：反正有安全科长在，不用管它了。

安全科长没有接到电话，但他知道下雨了，并且清楚下雨意味着什么，但他心里想有好几个保安在厂里，用不着他操心。当时，他正在陪朋友打麻将，为了避免"干扰"，他甚至把手机也关了。

只有几个保安留在厂里。但是，用于防洪抽水的几台抽水机没有柴油了，他们打电话给安全科长，科长的电话关机，他们也就没有再打，也没有采取其他措施，早早地睡觉去了，

值班的那一位睡在值班室里，睡得最沉，他以为雨不会下很大。

到凌晨两点左右，雨突然大起来，值班保安被雷声惊醒时，水已经漫到床边！他立即给消防队打电话。

消防队虽然来得很及时，但由于通知太晚，三个车间全部被淹，数十吨成品、半成品和原辅材料泡在水中，直接经济损失达数百万元！

事后，追究责任时，每一个人都说自己没有责任。

人力资源部经理说："这不是我的责任，而且我是通知了安全部经理的。"

安全部经理说："这是安全科长的责任。"

安全科长说："保安不该睡觉。"

保安说："本来可以不发生这样的险情，但抽水机没有柴油了，是行政部的责任，他们没有及时买回柴油来。"

行政部经理说："这个月费用预算超支了，我没办法。应该追究财务部责任，他们把预算定得太死。"

财务部经理说："控制开支是我们的职责，我们何罪之有？"

老板听了，火冒三丈："你们每个人都没有责任，那就是老天爷的责任了！我并不是要你们赔偿损失，我要的是你们的责任感和工作态度，要的是你们对这件事情的反思，要的是不再发生同样的事故，可你

们却只会推卸责任！"

A公司这样的事例确实令人痛心、发人深省。如果公司每个人都能够主动地承担责任，不把责任推给别人，A公司就不会有这么大的损失。企业是每个人的，责任不分你我，在责任面前，每个人都有义务承担，这样企业才能实现永续发展。

勇于承担自己的责任，出现问题不把责任推给别人，这样才能够加强组织团结，保证工作顺利进行，同时，它也是成就一个人事业的可贵品质。

每个人都会犯错误，这个道理人们都懂。当别人犯错误时，我们总是希望他们能够承认并加以改正，可是当这种事发生在自己身上时，很多人采取回避态度：或者为保全颜面，或者出于承认错误时会有不如人的感觉。于是很多时候，人们不愿意承认自己的错误。这就造成了人们相互交往的障碍，因为每个人都坚持自己是对的，而各自的观点分明是不同的，甚至是对立的，于是便留下了埋怨、不满和争执，轻则影响相互之间的关系，重则影响自己的做人形象。同时，掩饰错误的行为会使你背上沉重的心理包袱。

所以，不肯承认错误、"保全面子"的做法，最容易使人错上加错，只有勇敢地承认错误，才会帮你在成功路上有所收获。

最大的错误，就是不承认错误。当你准备坚持任何事情时，最好先仔细想想你的坚持，是否因为你确有毫无瑕疵的理由，还是因为你只是为"保全面子"而已？如果你觉察出有保全面子的因素在内，那么请你及早抛弃你的坚持。因为为"保全面子"而采取的任何行动，都只能使你处在最容易受到攻击的地位，被动地采取守势。

问题止于方法，成功源于责任

有一个著名的企业家说："员工必须停止把问题推给别人，应该学会运用自己的意志力和责任感，着手行动，处理这些问题，让自己真正承担起自己的责任来。"

大多数情况下，人们会对那些容易解决的事情负责，而把那些有难度的事情推给别人，这种思维常常会导致我们工作上的失败。

有些人在出现问题时，不是想办法去解决，而是急于推卸责任，而且每一个人都理由充足，这显然是一个令老板悲哀的局面。如果他们都能以一个负责的态度去对待问题，那么损失不会这样惨重。

有的人因误会和同事打架，他给自己的理由是："他没有教养，他骂我。"朋友说了一句话："那你就有教养，你还打人呢？"两句话，体现了这种推卸责任的心态。很多公司，销售业绩下滑，质量上不去，管理一团糟，每个员工、每个部门都为自己找到冠冕堂皇的借口。借口可以敷衍别人，却糊弄不了我们自己。如果一个公司里没有人愿意承担责任，所有人的精力都浪费在如何去制造一个很好的借口上，那么也就不会有人去寻找解决问题的办法。

主动寻找方法的员工，是企业不变的期待，而最高的奖赏也必定属于他们。

一家公司要招聘一名高级女职员，一时应聘者如云。经过一番激烈的比拼，季红梅、小丽、宫晓慧3人脱颖而出，成为进入最后阶段的候选人。3个人都是名牌大学的高才生，又是各有千秋的美女，条件不相上下，竞争到了白热化状态。她们都在小心翼翼地做着准备，力争使自己成为"笑到最后"的胜利者。

这天早上8点，3人准时来到公司人事部。人事部长给她们每人发了一套白色制服和一个精致的黑色公文包，说："3位小姐，请你们换上公司的制服，带上公文包，到总经理室参加面试。这是你们最后一轮考试，考试的结果将直接决定你们的去留。"3位美女脱下精心搭配的外衣，穿上那套白色的制服。人事部长又说："我要提醒你们的是，第一，总经理是个非常注重仪表的先生，而你们所穿的制服上都有一小块黑色的污点。毫无疑问，当你们出现在总经理面前时，必须是一个着装整洁的人。怎样对付那个小污点，就是你们的考题。第二，总经理接见你们的时间是8点15分，也就是说，10分钟以后，你们必须准时赶到总经理室，总经理是不会聘用一个不守时的职员的。好了，考试开始了。"

3个人立即行动起来。

季红梅用手反复去揩那块污点，反而把污点越弄越大，白色制服最终被弄得惨不忍睹。季红梅紧张起来，红着脸央求人事部长能否给她再换一套制服，没想到，人事部长抱歉地说："绝对不可以，而且，我认为，你没有必要到总经理室去面试了。"季红梅一下子愣住了，当她知道自己已经被取消了竞争资格后，眼泪汪汪地离开了人事部。

与此同时，小丽已经飞奔到洗手间，她拧开水龙头，撩起自来水开始清洗那块污点。很快，污点没有了，可麻烦也来了，制服的前襟处被浸湿了一大片，紧紧贴在身上。于是，小丽快步移到烘干器前，打开烘干器，对着那块浸湿处烘烤着。烤了一会儿，她突然想起约定的时间，抬起手腕看表：坏了，马上就到约定时间了。于是，小丽顾不得把衣服彻底烘干，赶紧往总经理室跑。

赶到总经理室门前，小丽一看表，8点15分，还没迟到。更让她感到庆幸的是，白色制服上的湿润处已经不再那么明显了，要不是仔细分辨，根本看不出曾经洗过。何况堂堂大公司总经理，怎么会死盯着一个女孩的衣服看呢？

小丽正准备敲门进屋，门却开了，宫晓慧大步走出来。小丽看见，宫晓慧的白色制服上，那块污迹仍然醒目地躺在那里。小丽的心里踏实了，她自信地走进办公室，得体地道声："总经理好。"总经理坐在大班桌后面，微笑地看着小丽白色制服上被湿润的那个部位，好像在"分辨"着什么。小丽有点不自在。

这时，总经理说话了："小丽小姐，如果我没有看错的话，你的白色制服上有块地方被水浸湿了。"小丽点了点头。"是清洗那块污迹所致吗？"总经理问。小丽疑惑地看着总经理，点了点头。总经理看出小丽的疑惑，浅笑一声道："污点是我抹上去的，也是我出的考题。在这轮考试中，宫晓慧是胜者，也就是说，公司最终决定录用宫晓慧。"

小丽感到愕然："总经理先生，这不公平。据我所知，您是一位见不得污点的先生。但我看见，宫晓慧的白色制服上，那块污点仍然清晰可见。"

"问题的关键是，宫晓慧小姐没有让我发现她制服上的污点。从她走进我的办公室，那只黑色公文包就一直幽雅地横在她的前襟上，她没有让我看见那块污迹。"总经理说。

小丽说："总经理先生，我还是不明白，您为什么选择了宫晓慧而淘汰了我呢？我准时到达您的办公室，也清除了制服上的污点，而宫晓慧只不过耍了个小聪明，用皮包遮住了污点。应该说，我和宫晓慧打了个平手。"

"不。"总经理果断地说，"胜者确实是宫晓慧，因为她在处理事情时，思路清晰，善于分清主次，善于利用手中现有的条件，她把问题解决得从容而漂亮。而你，虽然也解决了问题，但你却是在手忙脚乱中完成的，你没有充分利用你现有的条件。其实，那只公文包就是我们解决问题的杠杆，而你却将它弃之一旁。如果我没猜错的话，你的'杠杆'忘在洗手间里了吧？"

其实，小丽不仅仅是输在没有充分利用身边的资源上，还因为她没有为自己的失败找方法，却不负责任地指责竞争对手，为自己的失误找借口，这样的员工是没有任何企业愿意吸纳的。

世上有许多事情是我们无法控制的，但我们至少可以控制自己的行为。如果不对自己的过去行为负责，我们就不可能对自己的未来负责。面对自己曾做过的事，我们应该做的是承担起自己的那份责任，而不是寻找借口逃避责任。

有句谚语说得好："没有一滴雨滴认为它们应当对洪灾负责。"还有一句格言："没有一滴雨滴敢对花儿绽放居功。"

这两句谚语说的都是责任。

责任感是人走向社会的关键品质，是一个人在社会上立足的重要资本。一个企业总是希望把每一份工作都交给责任心强的人，谁也不会把重要的职位交给一个没有责任心的人。

有责任感的员工都不会推脱他们所应负的责任，他们深知，责任就像杜鲁门总统的座右铭那样："责任到此，不能再推！"

勇敢地说，"这是我的错"

　　工作中难免出现这样那样的问题，产生问题的原因有很多，虽然主要责任者可能是一人，但相关人员肯定也有一定的责任。如果流水线工人出现了差错，主要原因是他未按操作指导书操作，但次要原因有很多，如公司的培训是否到位、操作指导书的内容是否明确无误等。

　　但在讨论、分析错误产生的原因时，无论是由于你的直接过错引起的，还是由于你的间接过错引起的，你都应该勇敢地承认自己的错误。这样不仅有利于问题的解决，还有助于化解由于互相推卸责任而造成的公司内部矛盾。

　　威廉·安肯在担任维亚康姆机械公司销售经理期间，该公司的财政发生了困难。这件事被驻外负责推销的销售人员知道了，工作热情大打折扣，销售量开始下滑。到后来，销售部门不得不召集全美各地的销售人员开一次大会。威廉亲自主持会议。

　　首先是由各位销售人员发言，他们一一站起来以后，似乎每个人都有一段最令人震惊的悲惨故事要向大家倾诉：商业不景气，资金短缺，人们都希望等到总统大选揭晓后再买东西，等等。

　　当第五个销售员开始列举使他无法完成销售配额的种种困难时，威廉再也坐不住了，他突然跳到了会议桌上，高举双手，要求大家肃静。

然后他说："停止，我命令大会停止10分钟，让我把我的皮鞋擦亮。"

然后，他叫来坐在附近的一名黑人小工，让他把擦鞋工具箱拿来，并要求这位工人把他的皮鞋擦亮，而他就站在桌子上不动。

在场的销售员都惊呆了。人们开始窃窃私语，觉得威廉简直是疯了。

皮鞋擦亮以后，威廉站在桌子上开始了他的演讲。他说："我希望你们每个人，好好看看这位小工友，他拥有在我们整个工厂和办公室内擦鞋的特权。他的前任是位白人小男孩，年纪比他大得多。尽管公司每周补助他5美元的薪水，而且工厂内有数千名员工，但他仍然无法从这个公司赚取足以维持他生活的费用。"

"这位黑人小孩不仅可以赚到相当不错的收入，既不需要公司补贴薪水，每周还可以存下一点钱来，而他和他前任的工作环境完全相同，也在同一家工厂里，工作的对象也完全一样。"

"现在我问诸位一个问题：那个白人小男孩拉不到更多的生意，是谁的错，是他的错还是顾客的错？"

那些推销员们不约而同地说："当然了，是那个小男孩的错。"

"正是如此，"威廉接着说，"现在我要告诉你们的是，你们现在推销的机器和去年的完全相同，同样的地区、同样的对象以及同样的商业条件。但是，你们的销售业绩却大不如去年。这是谁的错，是你们的错还是顾客的错？"

同样又传来如雷般的回答："当然，是我们的错。"

"我很高兴，你们能坦率承认自己的错误。"威廉继续说，"我现在要告诉你们，你们的错误就在于，你们听到了有关公司财务陷入危机的传说，这影响了你们的工作热情，因此你们就不像以前那般努力了。只要你们回到自己的销售地区，并保证在以后30天之内，每人卖出5台机器，那么，本公司就不会再发生什么财务危机了。请记住你们的工作是什么，你们愿意这样去做吗？"

下边的人异口同声地回答："愿意！"

后来推销员们果然办到了。那些被推销员们曾强调的种种借口：商业不景气，资金短缺，人们都希望等到总统大选揭晓后再买东西等，仿佛根本不存在似的，统统消失了。

企业要形成人人勇于承担责任的风气，要建立一种允许员工犯错、包容失败的企业文化。企业所有的经营管理活动都是面向未来的，而未来本身就是充满不确定性和风险性的，因此，企业的经营管理活动也充满了不确定性和风险性，所以，从某种程度上说，企业经营管理遭遇失败是在所难免的。我们避免失败和风险的办法，并不是来自于推卸责任和逃避风险，恰恰相反，勇于承担责任才是避免风险和失败最好的方法，只有人人勇于担责，企业才能够在市场变革的大潮中扬帆远航，而允许员工犯错则是鼓励员工承担责任最关键的一环。

一位著名的企业家在阐释责任的时候曾有一段精彩的论述：越是勇于承担责任，越是可能会失败。如果员工不承担责任，就不可能出现所谓的失败——一个鼓励员工承担责任的企业是不会有不允许员工犯错的规定的，相反，当员工在工作中出现错误时，领导者会和员工一起探讨错误背后的原因和解决问题的方案，而不是只会拿制度来处罚。美国通用电气公司就是一个很好的例子。

当通用电气前CEO杰克·韦尔奇还是工程师时，曾经历过一次极为恐怖的大爆炸：他负责的实验室发生了大爆炸，一大块天花板被炸下来，掉在地板上。

为此，他找到了他的顶头上司理查德解释事故的原因。当时他紧张得失魂落魄，自信心就像那块被炸下来的天花板一样开始动摇。

理查德非常通情达理。他所关注的是韦尔奇从这次大爆炸中学到了什么东西，以及如何修补和继续这个项目。他对韦尔奇说："我们最好是现在就对这个问题进行彻底的了解，而不是等到以后进行大规模生产的时候。"韦尔奇本以为会是一场严厉的批评，而实际上理查德却完全表示理解，没有任何情绪化的表现。

理查德包容属下犯错的领导方式使韦尔奇很快就走出了失败的阴影，并由一名普通的工程师成长为通用电气公司最有影响力的CEO。企业的发展需要勇于担责的员工，负责任的员工需要一个"包容失败"的企业文化。企业如果想让自己的员工在问题出来的时候都能够勇敢地站出来承担自己的责任，就应当建立一个包容失败的企业文化。

一位著名的企业家在阐释责任的时候曾有过这样一段精彩的论述：越是勇敢承担责任，越是可能造成失败。如果不承担责任，就不可能有所谓的失败。面对工作中的失误，我们应当勇敢地站出来说："这是我的错。"承担起自己的责任，而不是找借口推卸自己的责任。

承担分外的事，让金子的光更耀眼

工作，是不分分内分外的，只要是职场上的事，只要是自己见到的活儿，不抢着把它干好，心里就会不踏实！

不计报酬的加班，对负责的员工来说，不仅是理所应该的，还会视为荣幸的事——老板为什么叫我多干，是他信任我，是我的技术比别人强，这已经是最好的奖赏了，我干吗还要计较其他？

一位年轻的女孩曾受聘于一家外资企业，做一名普通的办公室文员。她每天要拆阅、分类大量的公司信件，工作内容有些单调，而且工资也不是很高。但是这位女孩却并没有因为工作单调而放弃进取，她不但把本职工作做得无可挑剔，而且每天晚饭后都要继续回到办公室里工作，不计报酬地干那些并非自己职责内的事——诸如替自己的上司整理文件等。

上司是公司的办公室主任，他每天需要处理许多事情，所以他需要掌握足够多的信息资料。为了把那些上司需要的文件整理好，她尽可能地充分想到上司需要的最新资料和信息，而且还要站在上司的立场认真考虑每一件工作的处理方式。她一直坚持这样做事，并不在意上司有没有注意自己的努力。终于有一天，上司的秘书因故辞职了，在挑选合适的继任者时，上司很自然地想到了这个女孩，因为她在没有得到这个职位之前就一直在做这份工作了。下班的时间到了，这个女孩依然像以前一样守候在自己的岗位上，在得不到任何报酬承诺的情况下仍然努力工作，后来在上司升任为总公司行政部长的时候，她又理所当然地得到了办公室主任的职位。

故事并没有就这样结束，这位年轻女孩才能如此突出，引起了更多人的注意，很多公司纷纷为她提供更好的职位诚邀她加盟。为了挽留她，公司多次为她加薪，与最初做一名普通办公室文员时相比薪水已经增加了十几倍。为此，老板并不感到自己付出的薪金高，因为这个女孩总是让别人感到她那么重要，她总是能够站在老板的立场上思考许多问题，而且随着时间的推移，她变得越来越重要，把自己变成了一个不可替代的角色，她在工作中创造的价值绝对值得老板给予她这样优厚的待遇。

真正具有责任感的人，会自觉消除分内分外的界限，一个优秀的工作者是从以下五个方面来体现主动性的：

(1)承担自己工作以外的责任。

(2)为同事和集体做更多的努力。

(3)能够坚持自己的想法或项目，并很好地完成它。

(4)愿意承担一些个人风险来接受新任务。

(5)他们总站在核心路线旁。核心路线是公司为获得收益和取得市场成功所必须做的直接的重要的行为，工作人员首先必须踏上这条路线，然后才能为公司做出贡献。

以上五个方面，有三个方面表明优秀的工作者必定要承担更多的责任。承担更多的责任，就意味着承担起分外的责任和面临着更多的风险，这是负责的延伸和升华。其实，真正具有责任感的人，从不以个人

得失为工作的出发点，他们乐意为同事提供帮助，乐意接受新任务，因为他们信奉的宗旨是对同事负责就是对自己负责，对公司负责就是对自己负责。所以他们心中根本不存在分内分外的界限，只要是对公司有益的事，就负有不可推卸的责任，就应该积极主动地去做。而他们也比那些坚持只对分内的事负责的人更容易获得老板的赏识。

　　2002年10月，某营销部经理带领一支队伍参加某国际产品展示会。

　　在开展会之前，有很多事情要做，包括展位设计和布置、产品组装、资料整理和分装等，都需要加班加点地工作。可营销部经理带去的那一帮安装工人中的大多数人，却和平日在公司时一样，不肯多干一分钟，一到下班时间，就溜回宾馆去了，或者逛大街去了。经理要求他们干活，他们竟然说："没加班工资，凭什么干啊。"更有甚者还说："你也是打工仔，不过职位比我们高一点而已，何必那么卖命呢？"

　　在开展会的前一天晚上，公司老板亲自来到展场，检查展场的准备情况。

　　到达展场，已经是凌晨一点，让老板感动的是，营销部经理和一个安装工人正挥汗如雨地趴在地上，细心地擦着装修时粘在地板上的涂料。而让老板吃惊的是，其他人一个也见不到。见到老板，营销部经理站起来对老总说："我失职了，我没能够让所有人来参加工作。"老板拍拍他的肩膀，没有责怪他，而指着那个工人问："他是在你的要求下才留下来工作的吗？"

　　经理把情况说了一遍。这个工人是主动留下来工作的，在他留下来时，其他工人还一个劲地嘲笑他是傻瓜："你卖什么命啊，老板不在这里，你累死老板也不会看到啊！还不如回宾馆美美地睡上一觉！"

　　老板听了叙述，没有做出任何表示，只是招呼他的秘书和其他几名随行人员加入到工作中去。

等参展结束，一回到公司，老板就开除了那天晚上没有参加劳动的所有工人和工作人员，同时，将与营销部经理一同打扫卫生的那名普通工人提拔为安装分厂的厂长。

那些被开除的工作人员非常有意见："我们不就是多睡了几个小时的觉吗，凭什么处罚这么重？而他不过是多干了几个小时的活，凭什么当厂长？"他们说的"他"就是那个被提拔的工人。

老板给他们的答复是："用前途去换取几个小时的懒觉，是你们的主动行为，没有人逼迫你们那么做，怪不得谁。而且，我可以通过这件事情推断，你们在平时的工作里偷了很多懒。他虽然只是多干了几个小时的活，但据我们考察，他一直都是一个积极主动的人，他在平日里默默地奉献了许多，比你们多干了许多活，提拔他，是对他过去默默工作的回报！"

主动去承担更大的责任是一种宝贵的、备受看重的素养，能使人变得更加敏捷、更加积极。无论你是管理者，还是普通职员，"每天多做一点，"你就会在竞争中脱颖而出。你的老板、委托人和顾客会关注你、信赖你，从而给你更多的机会。

每天多做一点儿工作也许会占用你的时间，但是，你越是表现得能干，别人就越看重你，越需要你。

如果你能做分外的工作，那么，不仅能彰显自己勤奋的美德，而且能发展一种超凡的技巧与能力，使自己具有更强大的生存力量，从而摆脱困境。当额外的工作分配到你头上时，不妨视之为一种机遇。每天多做一点儿，你将有意想不到的收益。

职场总会有许多事情可做的，要不然也就不是职场了。有些工作也许真的不是你的分内工作，可是这些难题的存在却阻碍着团队的前进，作为公司的一分子，你应该主动帮助上司解决这些难题，而不应坐视不理的。

只有这样，企业或上司才会有机会知道你具有身兼多职的才能，而这也正是你事业有成的关键。

那些眼里除了本职工作外就没有其他事情要做的员工，又怎么能让企业或上司知道你有多大才干？又有什么资本使自己升职加薪呢？

有两种员工是永远无法超越别人的：一种是只做别人交代的工作的员工；另一种是连别人交代的事也做不好的员工。

撒拉是一位大公司的打字员。一天，其他人出去吃午饭的时候，有位公司董事路过他们办公室门口时停了下来，因为想起有几封信函要找。这本不是撒拉的本职工作，可她还是爽快地对董事说："我并不知道这些信函的情况，不过，董事先生，我会帮您处理好这件事情的。我会尽我所能，找到这些信函并尽快把它们放到你的办公桌上。"

当撒拉把董事所需要的信函摆在他面前时，董事的脸上挂满了笑容。

一个月后，撒拉被提拔到一个更重要部门的重要位置，而且工资也提高了30%。原来是前面那位董事，在公司的一个高层会议上为她作了推荐。

撒拉并没有因为董事要求的不是她分内的事而拒绝他。她勇于负责的精神感动了董事，董事才推荐了她，而公司高层最终通过，也是因为撒拉是一个具有高度责任感和值得信赖的人。所以，勇于承担分外的责任，才是正确的工作态度，才称得上是真正的负责。

　　对照撒拉，检讨一下自己，你是怎样做的？再看看你周围的同事，有多少人表现得像撒拉那样？也许你会发现，多数人只对自己分内的事负责，对同事表现出来的是"只管自扫门前雪，休管他人瓦上霜"的冷漠，对上司表现出来的是一种故步自封的懒散和执拗。

　　当你在为公司工作时，无论老板安排你在哪个位置上，都不要轻视自己的工作，都要担负起工作的责任来，而且尽可能多地承担责任。那些在工作中推三阻四，老是埋怨环境，寻找各种借口为自己开脱的人，对这也不满意，那也不满意的人，往往是职场的被动者，他们即使工作一辈子也不会有出色的业绩。他们不知道用奋斗来担负起自己的责任，而自身的能力只有通过尽职尽责的工作才能得到完美的体现。能力，永远由责任来承载，而责任本身就是一种能力。你承担多大的责任，你的能力也会随之提升，于是也就能取得越来越多的成功。

第七章

主动创新，把问题变成机遇

创新，已经成为企业决胜市场的第一张王牌。每一个人和每一个组织都应该称为创新的积极参与者和真正的实践者，同时也是创新的最佳受益者。创新带来的不仅是经济效益的增长，也不仅是员工福利待遇的提高，更是为企业的生存与发展打开了另一扇大门，开辟了另一条路径，同时也为员工个人价值的完美体现和职业品牌的完美塑造找到了一剂良方。

工作不是缺乏机遇，而是缺乏想象

想象是开启机遇之门的金钥匙，它无处不在，无时不在。俗话说：不怕做不到，就怕想不到。只要敢于想象，并将之付诸实际行动中，你才有可能创造出机遇。

安东尼·罗宾斯说："想象力能带领我们超越以往范围的把握和视野。"

爱因斯坦也说："想象力比知识更重要，因为知识是有限的，而想象力概括世界上的一切，推动着进步，并且是知识进化的源泉。"

想象力在创新的过程中起着必不可少的重要作用。因为有了想象力，人们根据飞鸟发明了飞机；牛顿从下落的苹果联想到了地球上的万有引力；瓦特从喷汽的壶盖想到了发明蒸汽机。

不止这些，我们身边的生活中的许多发明创造者借助想象创造了奇迹。

1975年8月的一天，四川省汶川县白岩村的青年姚岩松，劳动之余坐在地上休息。他意外地发现，脚下有一只"屎壳郎"在向前爬行，而且正推动着一团比它自身重几十倍的泥土。这一现象引起了姚岩松的兴趣，他蹲在地上仔细观察了好久，似有所悟而又好像越来越迷惑不解。第二天一大早，他在山坡上又找到了一只"屎壳郎"。为了做进一步观察，他用白线拴了一小块泥土套在这只"屎壳郎"的身上，让它拉着走。奇怪的是，这一小块泥土比昨天的那块要轻得多，而这个"屎壳郎"却怎么也拉不动。姚岩松接着又找了好几只"屎壳郎"来做同样的试验，情况都一样。这让姚岩松悟出一个道理：拉比推更费劲，推得动的东西未必拉得动。

姚岩松曾开过几年拖拉机。他早就发现，在电影上看到的那些各种各样的耕作机械不可能行驶在自己家乡狭小、又高又陡的山地上，他深深感到遗憾。这时他联想到：能不能学一学"屎壳郎"推土，将拖拉机的犁放在耕作机身动力的前面呢？

按照这一联想，他把从山上采摘来的茅花秆一节一节地切断后，又一节一节地制成"把手""机身""犁圈"等，忙碌了几天，他终于制作出了一台用茅花秆和小铁丝做成的耕作机模型。3个月后，姚岩松耗费数千元制作的耕作机开进了地里，但它却不听使唤。寝食不安的姚岩松有一天在岷江河畔被一台推土机吸引了。他发现，推土机由于机下有履带，所以稳定性强、着地爬动力好。这时他又联想到，耕作机同推土机一样，要稳定性强，着地爬动力好，不也可以装上履带吗？

又是几个月过去后，姚岩松的第一台"履带式耕作机"终于问世，但这还不是最后的成功。后来又经过数百次改进、试验，直到1992年2月，他才成功地拿出了第十台"屎壳郎耕作机"，以推动力代替牵引力，突破了耕作机械传统的结构方式，他的这一发明兼具创造性、新颖性和实用性，在国内属于首创。

姚岩松发明的这种"屎壳郎耕作机"，体积小，重量轻(仅64公斤)，一个人就可以背上山；可以在石梯上行进，还能爬45度的坡，两小时耕的地就相当于一头牛一天耕作的地，而它的价格也只相当于一头牛的价格。由于它具有这些优点，机器一问世，要求联合生产的厂家就络绎不绝。

当然，我们这里所说的想象并不是"胡思乱想"，而是有科学根据的，是符合客观规律的。如果违背了规律，任何想象都不会产生有价值的创意，而只能成为"天马行空"般的臆想。

有一位思想家说过一句很著名的话："生活中不是缺少美，而是缺少发现。"

我们也可以把这句话换一种说法：在我们个人成功的道路上，并不缺乏机遇，而是缺乏能够创造机遇的想象。

在工作当中，我们经常会遇到各种各样的偶然事件。假如我们能够利用这些偶然的机会，充分发挥自己的想象，挖掘对自己有用的信息，我们就会发现工作中处处充满着创意和机遇。

乔治是一家知名杂志社的编辑。在他年轻时，有一回，他看见一个人打开一包纸烟，从中抽出一张纸条，随即把它扔在地上。乔治拾起这张纸条，见上面印着一个著名女演员的照片，下面有一行字："这是一套照片中的一幅。"他把纸片翻过来，发现背面是空白的。

乔治拿着这张纸片边走边想："如果把印有照片的纸片充分利用起来，在它的背面印上人物的小传，价值就会提高了。"于是，他找到印刷这种纸烟附件的公司，向经理说明了他的想法。这位经理立即说："如果你给我写这些东西，我会付给你丰厚的薪酬。"

这就是乔治最早的写作任务。后来，他的业务量与日俱增，又聘请了一些人来帮自己工作。就这样，他渐渐成了一位著名的编辑。

偶然的机会中，常常隐藏着工作和事业上的巨大契机，如果我们能够认识到这一点，不断地从偶然的机会中挖掘对自己有用的信息，将会对自己的事业有着莫大的帮助。另外，善于从偶然的机会中挖掘对自己有用的信息，也可以不断地挖掘出自身的潜力，让自己创造出更辉煌的工作业绩。

爱因斯坦说过："想象力比知识更重要，因为知识是有限的，而想象力概括着世界上的一切，推动着进步，并且是知识进化的源泉，严格地说，想象力是科学研究中的实在因素。"爱因斯坦如此推崇想象，是因为他知道想象力是一个人干好工作的起码要求，想象力是人类进步的主要动力，没有了想象，人类将永远停滞在野蛮落后的状态之中。

想象力可以使你创造机遇，并且利用这个机遇，使你取得别人所没有的成就。

工作要多一点怀疑精神

科学研究证明，世界上的跳高冠军是跳蚤。

科学家把跳蚤放在桌上，一拍桌子，跳蚤就会马上跳起来，高度是跳蚤身高的100倍以上，因此被称为世界上跳得最高的动物。

科学家曾做过一次有趣的试验：他们在跳蚤的头上罩上一个玻璃罩，然后让跳蚤跳动。跳蚤第一次起跳就碰到了玻璃罩，连续多次以后，跳蚤调整了自己跳起的高度来适应新的环境，此后每次跳起的高度总保持在罩顶以下。科学家们逐渐降低玻璃罩的高度，跳蚤又经过数次碰壁之后主动调整了高度。最后，玻璃罩接近桌面，跳蚤无法再跳了，只好在桌子上爬行。

经过一段时间，科学家把玻璃罩拿走了，再拍桌子，跳蚤仍然不跳，跳蚤变成"爬虫"了，连再跳一次的勇气也没有了。它的信心、潜能都被自己扼杀了。

科学家把这种现象叫作"自我设限"。

工作中，很多人也有着类似的"跳蚤式"经历。几次失败之后，他们便开始怀疑自己的能力，为自身设了限。

心理高度决定事业高度，一个人若想突破事业的瓶颈，有所作为，就要首先突破心理的瓶颈，不能因为过去的一些失败或者是眼前职位的无关紧要而降低自己的标准，为自己的职业生涯过早地盖上一个"盖子"。

作为职场中的一员，应当及时摆脱自身"心理高度"的限制，打开制约成功的"盖子"，那么你的职业发展空间和成功率将会大为增加。

国内一位知名企业的人力资源主管曾经说过，在企业中提升最快的往往是那些善于发现问题，解决问题，具备强烈的任务意识的员工。要发现问题，就需要有一定的怀疑精神，要敢于质疑自己的工作，自己是不是在做公司发展最需要的事，自己目前的工作有哪些需要改进的地方，自己对公司的经营和管理有没有什么合理的意见和建议等。只有不断地质疑自己的工作，才能发现工作中潜在或者已经存在的问题，才能更有效地推动企业的发展。

质疑工作是完善自己工作的前提。在微软公司的一次项目会议上，总经理让他的下属们针对自己的工作谈一些看法，有一个部门经理站起来慷慨陈词地说"我现在对自己所从事的这项工作产生一些怀疑。在这两年之中，在首席执行官的指导下，每个部门都接到了上百个项目，有许多项目投入了大量人力资源和资金，往往进行到中途便不了了之，这样下去，会毁了公司。我们难道不能抓一些大一点的项目？或者我们能不能为每一个部门分配一些不浪费人力资源和资金，又能迅捷见到效益的项目？这些项目不必太多，只要能见到效益，又不会浪费我们的时间和精力，这对我们的发展有莫大的好处。"

这位经理的一番话，震动了总经理和坐在周围的各位部门经理，他们都为这位经理勇于负责的工作精神所感动。整个下午，大家都放弃了原先开会的议题，针对这位经理所提出的问题，进行分组讨论，重新制定战略目标，结果，经过重新调整战略规划后，为公司节省了许多开支，加快了公司发展的步伐。

一名优秀的员工，应当像例子中的这位部门经理一样，要敢于质疑自己的工作，这样才能在工作中发现问题并提出合理的建议，才会在工作中不断培养出自己的创新能力，并取得骄人的业绩。

在公司中，很多人以为自己做得已经足够好了，真的是这样吗？一名优秀的员工不应当满足自己尚可的工作表现，而是应当不断地关注自己工作的实际效率，不断地发现问题，提出合理的意见。当然，这也是实现自我提升当中一个很重要的步骤。自我督促的压力能够让你感到兴奋和充满活力，时刻充满着渴望向更高的要求挑战的勇气。

叶灵和江吴是一家大型跨国公司里的两名优秀职员，在对待工作上，都能够尽职尽责。但是，他们两个人的差别就在于，叶灵认为自己尽职尽责地完成了自己岗位上的工作后，便觉得工作已经努力到家了，而江吴则要求自己在尽职尽责之外，还应当不断地发现公司经营管理上的一些失误和漏洞，只有这样，才称得上是对公司负责。

江吴在工作之中，经常认真寻找一些组织管理中的漏洞和失误，并从中找出一些具有挑战性的问题。尽管她的这种做法，常常令上司和同事头痛，但是她的这种负责精神为公司减免了许多不必要的损失。

值得一提的是，有一次公司高层制定了一个战略规划，准备研发一种新型的胶印机械。这个方案已经全部做好，款项也陆续到位了。但是，江吴在工作刚刚开始时，便对所要开发的这个产品产生了怀疑，她认为，从自己所了解的情况看，这个项目在操作上有许多仓促之处。再加上高管层在制订这个项目计划时，没有对所研发的产品进行详细的论证，这将会造成产品刚开发出不久，就可能被市场淘汰。因此，她详细地把自己对这个产品的怀疑之处写了出来，并提出了许多的建议，交给上司。由于她的见解深刻，公司高层重新召开了研讨会，对市场状况和这个项目重新进行论证，又经过专家的审查鉴定，这个项目最后被放弃了，而江吴的行为也深深地感动了公司的管理层。

两年后，江吴成了这家公司的一位部门经理，社交的范围更广泛了，而叶灵，仍然只是一名业务主管。

在现今这种竞争激烈的商业社会里，公司和个人都面临着巨大的压力，只有一个对公司持有认真负责态度的员工，在工作中不断质疑自己的工作，才能够帮助公司完善体系，适应市场变化，增强竞争力，推动公司向前进。

创新让你不可替代

现在，许多企业处于成长期或平稳发展期，"太平盛世"最易让人放松警惕、懈怠不前。但市场是瞬息万变的，在变化中求生存、求发展的企业必然要求它的员工有积极创新的意识和开拓创新的能力。

能够主动寻找创新方法的员工，是企业不变的期待。创新能够使你在竞争中脱颖而出，哪怕起初你处于不利的地位和形势。创新可以让你成为企业中不可替代的人。也许你的经历不是最高的，经验不是最丰富的，技术不是最熟练的，但是你的创新能力是价值非凡的，它所创造的价值将使你本身存在的弱势不成为阻碍你前进的问题。创新会为你的工作业绩增值，使你成为最受企业欢迎和重用的人。下面的例子就有力地证明了这一点。

林达所在的这家叫"哈罗"的啤酒厂位于布鲁塞尔东郊，无论是厂房建筑还是车间生产设备都没有很特别的地方。但作为销售总监的林达是轰动欧洲的策划人员，由他策划的啤酒文化节曾经在欧洲多个国家盛行。当有人问林达是怎么做"哈罗"啤酒的销售时，他显得非常得意而自信。林达说，自己和哈罗啤酒的成长经历一样，从默默无闻开始到轰动半个地球。

林达刚到这个厂时还是个名不见经传的普通年轻人，但他却相信凭借自己的智慧一定能够做出不普通的事情。

那时的哈罗啤酒厂正一年年地减产，因为销售的不景气而没有钱在电视或报纸上做广告，这样开始恶性循环，做销售员的林达多次建议厂长到电视台做一次演讲或者广告，都被厂长拒绝了。林达决定冒险做自己"想要做的事情"，于是他贷款承包了厂里的销售工作。正当他为怎样去做一个最省钱的广告而发愁时，他徘徊到了布鲁塞尔市中心的于连广场。这天正是感恩节，虽然已是深夜了，广场上还有很多欢快的人们，广场中心撒尿的男孩铜像就是因挽救了这座城市而闻名于世的小英雄于连，当然铜像撒出的"尿"是自来水。广场上一群调皮的孩子用自己喝空的矿泉水瓶子去接铜像里"尿"出的自来水来给对方泼洒，他们的调皮激起了林达的灵感。

第二天，路过广场的人们发现于连的尿变成了色泽金黄、泡沫泛起的"哈罗"啤酒。铜像旁边的大广告牌子上写着"哈罗啤酒免费品尝"的字样。一传十，十传百，全市老百姓都从家里拿来自己的瓶子、杯子排成长队去接啤酒喝。电视台、报纸、广播电台争相报道，林达把哈罗啤酒的广告不掏一分钱就成功地做上了电视和报纸。该年度的啤酒销售量跃升了1.8倍，自然也给他带来了一笔不小的收益。

林达成了闻名布鲁塞尔的销售专家，这就是他的经验：创新。

优秀的员工都是善于创新的人，他们时刻用创新的头脑为企业排忧解难，寻找创造利润的源泉，并在创新中寻求个人职业的发展。

还有一个故事，主人公是日本原松户市市长松本清，他不但扮演政治角色，还是一个头脑灵活的生意人。

他以开创"马上办服务中心"而名噪一时。他还拥有许多家连锁的药局。他将药局的店名称为"创意药局"。顾名思义，他的经营手法是具有独创性的。

松本先生曾将当时售价200元的膏药，以80元卖出。由于80元的价格实在太便宜了，所以"创意药局"连日生意兴隆，门庭若市。由于他以不顾赔血本的方式销售膏药，所以虽然这种膏药的销售量越来越大，其赤字也越来越高。但是，整个药局的经营却出现了前所未有的盈余。因为，前往购买膏药的人，几乎都会顺便买些其他药品，这些药品当然是有利可图的。靠着其他药品的利润，不但弥补了膏药的亏损，同时也使"创意药局"的生意做得有声有色。

无论是"哈罗"啤酒的林达，还是"创意药局"的松本清，他们都是善于创新的优秀之人，他们的成绩也让我们看到了"创新"所能产生的作用和能量。善于用创新的思路和方法去解决工作中的问题和困难，是一个人决胜的根本，更是一个企业保持旺盛竞争力的保障。企业永远呼唤主动寻找方法、创新地、挑战困难的员工，这样的人才是企业最宝贵的财富。

俗话说：物以稀为贵。具有创新意识的人是不多的，正因为如此，具有创新能力的人才成了各个企业和老板争抢的宠儿。创新行为与日常工作又是一个互动的关系，创新可以提高工作效率，同样，在工作中又可以激发出创新灵感。如此反复，不但通过创新的方法克服了工作中的困难，为企业实现了最大化的经济效益；同时，也可以为自己提供更多的发展机会和更广阔的发展空间，为实现自己的人生规划扣上重要的一环，最终使自己成为企业不可替代的人。

创新是生存最大的砝码

"一个聪明的人头脑价值连城！"这是美国著名小说家欧·亨利的话。的确，头脑的力量是无穷的。一个好的创意可以为企业带来丰厚的利润和无穷尽的效益。

美国著名的企业家哈默说："天下没有坏买卖，只有蹩脚的买卖人。"在工作中能够创造多少价值，就看融入多少智慧，在工作中加入创新思维，也许可以产生意想不到的价值。

世界很多知名企业很尊重与欣赏员工的创意，并且设置了价值丰厚的奖励，3M公司就是其中一家。3M公司鼓励每一个员工都要具备这样一些品质：坚持不懈、从失败中学习、好奇心、耐心、个人主观能动性、合作小组、发挥好主意的威力等。

西门子公司也构建了一种遵循"无边界"原则的创新体系。西门子的创新体系不局限于研发部门。对内，西门子公司通过一个"3i计划"来收集所有部门员工的创新建议，并对提出建议的员工颁发奖金。3个"i"字母分别来自3个单词：点子（ideas），激情（impulses），积极性（innitiatives）。"3i计划"的目标是让每个员工不断挖掘自身的潜能。那么，它的成效如何呢？西门子的每个财政年度，员工提出的"金点子"超过10万个，当中有85%得到采纳并得到嘉奖。同时，提供金点子的员工们也能为此得到总价值高达2000万欧元的红利奖金，获最高奖的每个员工分别得到十几万欧元的奖金。

微软公司创始人比尔·盖茨曾形象地表述："创意如有原子裂变，每一盎司的创意都能带来无以数计的商业奇迹和商业效益。"

据测算，仅以工业设计为例，在产品外观的创意性上每投入1美元，就可带来1500美元的收益。

在2000年的时候，华为销售额达220亿元，利润以29亿元人民币位居全国电子百强首位。此时业内的形势也堪称"一片大好"，"网络股"泡沫破灭的寒流还未侵袭中国，国内通信业增长速度仍在20%以上。就在这时，任正非发表了《华为的冬天》，预言"冬天"即将来临，并且大谈危机和失败。

任正非总裁发表《华为的冬天》后不到一年的时间，整个电信行业就步入了严峻的冬季：2001年由于中国电信分拆及产业重组，同时欧美电信市场迅速饱和致使国际光纤通信产品大量涌入我国，使国内光纤通信市场缩小许多，华为公司本打算传输产品销售额200亿元的计划落空，最后缩减为80亿~90亿元。

从华为公司内部情况来看，随着企业的高速发展和规模扩大，内在的组织管理矛盾日渐突出，以反官僚化为核心内容的组织变革问题也越来越紧迫。

"华为的冬天"背后隐藏着的含义确实发人深省，值得我们每一个人认真地思考。

危机会在不知不觉中到来，常常会打得你措手不及。它有时是突如其来的，有时是"四面楚歌"的，只有应对危机做出快速的反应才有可能幸存。那么，又该如何应对危机呢？"华为的冬天"，已经给了我们答案，那就是要变革，要创新。

在这个急速变化的社会里，不可能存在一成不变的优势。所以，只有不断地创新，才能够让自己的优势适应时代的发展，在不断的变革中创造新的优势，促进企业的可持续发展，才能不断地获得利润。

1990年，当查理·余瑞特出任美国公平人寿保险公司首席执行官时，这家公司已经饱受巨额债务之苦，同时，也因陷入不景气的房地产市场而举步维艰。为了扭转颓势，并让公司重新回到成长的轨道上，查理·余瑞特顶着巨大的压力，在一片反对声中，对公司进行了变革。通过一连串的变革措施，他将这个销售保险的人寿保险公司，转变为一家资产管理公司，从而扭转了公司的危局。

公司进入平稳发展期后，余瑞特仍不放弃对公司进行持续的变革。他不断地改进业务规则，重点进军商机巨大的退休储蓄市场，同时，把公平人寿保险定位为一家成长型公司。

事实上，查理·余瑞特只花了两年时间便大功告成了。这次改革的成功，使公平人寿保险公司成为第一家由相互制转变为股份制的公司，并成为全球最成功的解除相互制的案例，影响了将近250万保户的利益。

一个企业若是以行业老大自居，就会丧失应有的危机感，失去创业期的进取精神，故步自封。然而，变化是永不停息的，企业的危机又是难以预料的，我们只有不断地在时代潮流中运用变化，不断地创新，甩掉成功的包袱，才能帮助企业及时调整策略，才不致丢掉已有的财富和丰厚的利润，才能使我们的企业在市场变化中持续保持领先优势，并将对手远远抛在后面，创造出巨额的财富。

好的创意不仅能创造财富，更是财富的化身。许多企业就是凭一个好的创意发达的，许多人就是靠奇妙的创意致富的。

生活中离不开创意，企业中离不开管理。那么，如何让管理与创意成为天生一对的组合体，许多人也许不可思议。企业的发展与社会的进步更离不开创意。谁也说不准一个好的创意会给人类的文明与进步带来多么大的影响与推动。对于企业而言，或许一个很不经意的创意就是企业生死存亡，决定乾坤与命运的大事。

创意的范围其实很广，同时也会存在于我们的身边与角落中，现实中许多人会把创意当作是一个金点子，一个好主意或是一个好办法。而运用到专业领域里，创意则会成为从事智力行业，如广告、策划、营销、咨询等行业的专用或专属名词。

许多人可能会认为创意由于是灵感的凸显和智慧的超常发挥，创意本身是不可控的。但是一个良好工作流程也不能保证产生伟大创意，但是可以减少无谓浪费，使我们精力集中于做有效的事。因此，当我们从战略角度上讲，做正确的事，再到战术上，然后把事情做正确的过程时，创意就是一次次启发我们从这两方面出发的一条主线。

2%的改进成就100%的完美

在工作中，如果你问普通员工与优秀员工有何区别？我们会告诉你：普通员工满足于"尚可"的状态，而优秀员工会用尽一切办法以求"完美"。

其实，平凡和卓越只有一线之隔。在平凡中日复一日，做一天和尚撞一天钟，是为平凡；在平凡中勇于开拓，不断创新，即为卓越。

海尔集团的员工魏小娥用实际行动向我们阐释了"卓越"的含义。

为了发展海尔整体卫浴设施的生产，1997年8月，33岁的魏小娥被派往日本，学习掌握世界上最先进的整体卫浴生产技术。在学习期间，魏小娥注意到，日本人试模期废品率一般都在30%～60%，设备调试正常后，废品率为2%。

"为什么不把合格率提高到100%？"魏小娥问日本的技术人员。"100%？你觉得可能吗？"日本人反问。从对话中，魏小娥意识到，不是日本人能力不行，而是思想上的桎梏使他们停滞于2%。作为一个海尔人，魏小娥的标准是100%，即"要么不干，要干就要争第一"。她拼命地利用每一分每一秒的学习时间，3周后，带着先进的技术知识和赶超日本人的信念回到了海尔。

时隔半年，日本模具专家宫川先生来华访问，见到了"徒弟"魏小娥，她此时已是卫浴分厂的厂长。面对一尘不染的生产现场、操作熟练的员工和100%合格的产品，他惊呆了，反过来向徒弟请教问题。

"有几个问题曾使我绞尽脑汁地想办法解决，但最终没有成功。日本卫浴产品的现场脏乱不堪，我们一直想做得更好一些，但难度太大了。你们是怎样做到现场清洁的？100%的合格率是我们连想都不敢想的，对我们来说，2%的废品率、5%的不良品率天经地义，你们又是怎样提高产品合格率的呢？"

"用心。"魏小娥简单的回答又让宫川先生大吃一惊。用心，看似简单，其实不简单。

一天，下班回家已经很晚了，吃着饭的魏小娥仍然在想着怎样解决"毛边"的问题。突然，她眼睛一亮:女儿正在用卷笔刀削铅笔，铅笔的粉末都落在一个小盒内。魏小娥豁然开朗，顾不上吃饭，在灯下画起了图纸。第二天，一个专门收集毛边的"废料盒"诞生了，压出板材后清理下来的毛边直接落入盒内，避免了落在工作现场或原料上，这就有效地解决了板材的黑点问题。

魏小娥紧绷的质量之弦并未因此而放松。试模前的一天，魏小娥在原料中发现了一根头发。这无疑是操作工在工作时无意间落入的。一根头发丝就是废品的定时炸弹，万一混进原料中就会出现废品。魏小娥马上给操作工统一制作了白衣、白帽，并要求大家统一剪短发。又一个可能出现2%废品的原因被消灭在萌芽之中。

2%的改进得到了100%的完美，2%的可能被一一杜绝。终于，100%，这个被日本人认为是"不可能"的产品合格率，魏小娥做到了，不管是在试模期间，还是设备调试正常后。

"完美"并不是遥远的神话，是可以真真切切地做到的。这个过程是异常艰辛的，它需要我们激活全身的能量，开启聪明才智，转换思维模式，及时将"创新因子"注入其中。

创新始于"问题"

在如今竞争已趋白热化的时代，创新型员工对组织越来越重要，组织期待更多创新型员工的诞生。质疑对于创新型员工来说是一种必不可少的精神，只有敢于质疑，勇于对现有的状况提出问题，才可以为事物的发展进步提供一个突破口，为创新的进行打下思想基础。爱因斯坦说："提出问题比解决问题更重要。"只有能提出问题，才能够进一步寻找解决问题的方法和途径。

琴纳是一位长期生活在英国乡村的医生，对民间的疾苦有着深切的了解。当时，英国的一些地方发生了天花，夺去了许多儿童的生命。琴纳眼看着那些活泼可爱的儿童染上天花，因没有特效药，不治而亡，内心十分痛苦。

有一天，琴纳到了一个奶牛场，发现一位挤奶的女工尽管经常护理天花病人，但却从没有得过天花。这令琴纳很疑惑，因为天花的传染性很强，究竟是什么原因让挤奶女工幸免遇难呢？琴纳隐约感到这其中隐藏着什么。他仔细询问后得之她幼时得过从牛身上传染的牛瘟病。这个发现使琴纳联想到了一个问题，可能感染过牛瘟病的人，对天花具有免疫力。

想到这一点后，琴纳感觉到自己已经找到了解决问题的突破口，于是马上采取行动，大胆地试验。他先在一些动物身上种牛痘，效果十分理想。为了让成千上万的儿童不再受天花之灾，他顶住了一切压力，在当时仅有一岁半的儿子身上接种了牛痘。接种后，儿子反应正常，但是，为了要证明儿子是否已经产生了免疫力，还要给儿子接种天花病毒，如果儿子身上还没有产生免疫力，那么，他的儿子也许就会被天花夺去生命。

为了千千万万的儿童能够健康成长，琴纳把一切都豁出去了，把天花病毒接种到了自己儿子的身上。结果，儿子安然无恙，没有感染上天花，琴纳的实验终于成功了。从此，接种牛痘防治天花之风从英国迅速地传播到了世界各地。

琴纳发现了防治天花的方法，他的质疑精神在其中起到了至关重要的作用。如果他当初对挤奶女工没有感染天花这一事件不存在任何疑问，不去探究根本原因，恐怕天花防治问题的解决还要向后推不知多少年。

在创新领域里，质疑精神一直是被推崇的。这里的质疑，不仅指像琴纳一样对所看到的现象具有敏感性，进而探究根源，同时也包含对既有事实的质疑，对专家学者权威学说的质疑。

就传统思维而言，做到后一层面的质疑恐怕是更为困难的。既有的事实、权威的学说常常成为我们头脑中的桎梏，推翻它们简直就像经历了一场革命！然而，真理才是唯一的追求，在探寻真理、寻求方法的路上，任何阻碍我们前进步伐的绊脚石都应该被毫不留情地踢走。

下面故事中的年轻人就是一个敢于质疑权威的人，他似乎走得更远，不仅质疑了权威、提出了问题，还给出了可行性方案。这不仅显示出了他的胆量，更彰显了他的智慧。

2002年秋季，在中国移动的强力阻击下，中国联通CDMA的销售在全国范围内陷入了历史性低谷。从5月份进入福州市场，到11月份CDMA销量才达2万多用户，其中数千部还是靠员工担保送给亲朋好友的。

与国内其他城市相比，这个成绩实在是拿不出手。联通本来是委托全球著名的一家专业咨询策划公司做的策划方案，但是根据这一方案在近一年内投进去的大量广告费都未起作用。

当时，杨少锋所在的广告公司正在为福州联通做策划方案。当杨少锋看过那家全球著名策划公司的方案后，得出了四个字——"不切实际"。

被他评述为"不切实际"的公司成立于20世纪20年代，在全世界拥有70多家分支机构，是被美国《财富》杂志誉为"世界上最著名、最严守秘密、最有声望、最富有成效、最值得信赖和最令人仰慕的"企业咨询公司。

年仅24岁，大学刚毕业两年的杨少锋，竟然斗胆否定了这家公司的方案！因为他自己已经有了一套完整周密的营销计划。中国联通福建省分公司的领导经再三权衡后，还是接受了他的计划。

杨少锋计划的最重要一步，就是提高CDMA在福州的认知度。他认为，通过媒体重新对CDMA进行包装是最好的渠道。

之后，他们在报纸、电视等媒体上大量投放广告，使CDMA具备了极高的认知度。

他紧接着开始了营销计划的第二步——公开"手机不要钱"的概念。通过赠送CDMA手机，使联通打下了坚实的市场基础。

杨少锋的方案获得了成功，因为根据用户与联通签订的协议，这批用户两年内将给联通带来将近7000万元的话费收入。

　　这一成就源于杨少锋突破了头脑中的桎梏，没有被传统观念和专家权威所束缚。

　　问题是创新的最佳导师。提出一个问题，便是打开了一个思路，工作中我们不能逃避问题，而要善于质疑、善于提问。只有这样，才能够催生新方案的诞生，才能更好地开拓新思路，创造一番不凡的成绩。

用更新更好的办法解决问题

要创新，就要求我们主动地去思考，主动地去想办法。曾有人夸赞牛顿的卓越成就，牛顿则笑着说："我取得这样的成绩，是因为我整天想着去发现。"

整天想着去发现，是一种积极主动去创新的表现。不想着去发现，即使创新的机遇就在眼前，也可能如过眼云烟，瞬间消散。

有这样一个故事。

这是QBQ公司创办人约翰·米勒先生亲身经历的一件事，也许从这件事中你可以体会出主动创新的含义。

那是阳光明媚的一个中午，在明尼阿波利斯市区，米勒先生经过一家叫"石邸"的餐厅，想吃顿简单的午餐。

餐厅就餐的人非常多，赶时间的米勒先生，很庆幸找到了一张吧台旁边的凳子坐了下来。几分钟后，有位年轻人端了满满一托盘要送到厨房清洗的脏碟子，匆匆地从他的身边经过。年轻人用眼角余光注意到了米勒先生，于是停下来，回头说道："先生，有人招呼您了吗？"

"还没有，"他说，"我赶时间，只是想来一份沙拉和两个面包圈。"

"我替您拿来，先生。您想喝点什么？"

"麻烦来杯健怡可乐。"

"对不起，我们只卖百事可乐，可以吗？"

"啊，那就不用了，谢谢。"米勒先生面带微笑地说道，"请给我一杯水加一片柠檬。"

"好的，先生，马上就来。"他一溜烟不见了。

过了一会儿，他为米勒先生送来了沙拉、面包圈和水，留下米勒先生用餐。

又过了一会儿，年轻人突然为米勒先生送来了一听冰凉的健怡可乐。

米勒先生一阵高兴，却又有疑问："抱歉，我以为你们不卖健怡可乐。"他问。

"没错，先生，我们不卖。"

"那这是从哪儿来的？"

"街角杂货店，先生。"米勒先生惊讶极了。

"谁付的钱？"他问。

"是我，才2块钱而已。"

听到这里，米勒先生不禁为年轻人专业的服务所折服，他原本想说的是："你太棒了！"但实际却说："少来了，你忙得不可开交，哪有时间去买呢？"

面带笑容的年轻人，在米勒先生眼前似乎变得更高更大了。"不是我买的，先生。我请我的经理去买的！"

瞬时，米勒先生下了一个决定：把这家伙挖过来，不管多费事！

米勒先生被这位年轻人的工作作风感动了，年轻人显然一直在主动地工作，主动地寻找方法。本来他可以在回答"不卖健怡可乐"之后便使这件事情结束，但他并没有那样做，而是主动地想办法来为米勒服务，甚至不惜想出了"请经理去买"的点子。无疑，他是一名不可多得的优秀员工，这种在问题面前主动创新的人始终都是企业青睐的对象。所以，米勒先生最后产生"把这家伙挖过来，不管多费事"的念头，也就不足为奇了。

在工作中，我们也应该"时刻想着去发现"，只有这样，才能够洞察创新的时机，才能为工作的开展带来新的机遇和更大的发展。蒙牛集团的总经理杨文俊在工作中就曾提出了许多很好的创意和方案，究其原因，他说，那也是源于他"整天想着去发现"。

2002年2月，时至春节，杨文俊在深圳沃尔玛超市购物时，发现人们购买整箱牛奶搬运起来非常困难。

由于当时是购物高峰，很多汽车无法开进超市的停车场，而商场停车管理员又不允许将购物手推车推出停车场，消费者只有来回好几次才能将购买的牛奶及其他商品搬上车，这一细节引起了杨文俊的重视。

此后，杨文俊就不断在思考这件事情，想着怎样才能方便搬运整箱的牛奶呢？

一次偶然的机会，杨文俊购买了一台VCD，往家拎时，拎出了灵感：

一台VCD比一箱牛奶要轻，厂家都能想到在箱子上安一个提手，我们为什么不能在牛奶包装箱上也装一个提手，使消费者在购物时更加便利呢？

这一想法在会上一经提出，就得到了大家的认同，并马上得以实施。

这个创意使蒙牛当年的液体奶销售量大幅度增长，同行也纷纷效仿。

现在看来，这一创意很简单。可为什么杨文俊能够提出来，而其他人却提不出来呢？原因就在于是否有创新的意识，是否能做到"整天想着去发现"。

整天想着去发现，是一种积极主动去创新的表现。不想着去发现，即使创新的机遇就在眼前，也可能如过眼云烟，瞬间消散。

在遇到困难时，人们常以已有的经验、知识为基础，不断摸索、发现解决问题的新办法，以改变先前的境况，从而不断地前进。

作为一名职场的员工，你必须在一定的时候超越经验和专业知识去考虑问题，从而才能获得一个创新的思维去解决问题。

第八章

细节到位，做好小事成就大事

在工作中，任何细节，都会事关大局，牵一发而动全身，每一件细小的事情都会通过放大效应而凸显其巨大影响。谨慎对待每一件小事，你才能避免许多失败，不关注小事，你将有可能被一群小小的蝴蝶卷走，你也有可能被一只小小的铁钉打败从此不再崛起。

机遇藏在细节之中

机遇往往藏于一些很小的细节当中。如果你能敏锐地发现别人没有注意到的空白领域或薄弱环节，以小事为突破口，改变思维定式，你的工作绩效就有可能得到质的飞跃。

美国绝大部分企业家会知道一些十分精确的数字：比如全国平均每人每天吃几个汉堡包、几个鸡蛋。之所以要了解得这么清楚，是因为他们想确保细节上多方面的优势，不给竞争者可乘之机，哪怕是一些细枝末节的漏洞。

只要保证产品在一比一的竞争中获胜，那么整个市场的绝对优势就形成了，而这些恰恰是市场拓展的精髓所在：要打败对手，唯有做到比对手更细！国际名牌POLO皮包凭着"一英寸之间一定缝满八针"的细致规格，20多年立于不败之地；德国西门子2118手机靠着附加一个小小的F4彩壳而使自己也像F4一样成为"万人迷"。

如今，细节取胜的经营之道已经成为众多企业家奉为圭臬的经营理念。例如，很多餐厅准备了专供儿童使用的"baby椅"，客人吃完螃蟹后滚烫的姜茶便端送到其手中；商场在晚上关门前会播放诸如《回家》之类的音乐。让客人在萨克斯的情调中把轻松带回家……

在商战中，机遇源自细节上的突破。同样在职场中，一个人能否把握机遇，也取决于他能否把工作中的每一个细节做到位。

福特的成功思维是注意小事情。"忽略小事的人是不会成功的"。美国著名的汽车制造公司——福特汽车公司，是以福特的名字命名的。当年福特大学毕业以后，到一家汽车公司应聘，和他同时去应聘的三四个人都比他学历高。他觉得自己没什么希望了，但既然来了，也不能不试一试就打退堂鼓啊。于是，他便敲门走进公司办公室，发现地上有一张废纸，就弯腰把它捡了起来，顺手把它丢进了废纸篓里，然后走到董事长的办公桌前，说："我是来应聘的福特。"董事长对他说："很好，很好，福特先生，你已经被我们录用了。"福特感到意外，董事长说："前面三位的确学历比你高，而且仪表堂堂。但是他们的眼睛里只能看见大事，而看不见小事。而只能看见大事、忽略小事的人是不会成功的，所以我才录用你。"福特就这样进了这家公司。果然，后来福特干得相当出色，终于坐到了董事长的交椅上。

美国著名的家具经销商尼·科尔斯，一次家中突然失火，几乎烧光了他家里的一切，只有些粗壮的松木，外面烧焦，而内芯得以残存。要在一般人，可能在极度的痛苦中将这些废料扔掉完事，但尼·科尔斯却从这些焦木中发现了商机：因为那焦木的旧纹理和特殊的质感使他产生了灵感，他决定要制造以突出表现木纹为特点的仿古家具。

他用碎玻璃片刮去废木上的沉灰，再用细砂纸打磨光滑，再涂上一层清漆，便使废木显出了古朴、典雅、庄重的光泽和清晰的木纹。就这样，他制造的仿古典木质家具独领潮流，从此生意兴隆。

其实世界上很多事情就是这样，如果肯动脑子，任何一件看似平常的事都有其可开发之处，而且很多的智慧和发现来自一些平常的小事，只是你没有发现罢了。那么怎样培养一种能从平常事物中有不平常发现的心态呢？那就是要有一种善于思考的态度，只要勤于思考、仔细观察，就不会让很容易得到的机遇溜走。

王宇和李杰毕业于同一所大学，毕业后两个人来到同一家公司的销售部门做业务助理。两个刚来到新的工作岗位的年轻人都跃跃欲试，工作都很积极卖力。但两年以后李杰得到了提升，成为销售部的部门经理，而王宇却仍是一名业务助理，究竟是什么原因造成了这两个年轻人的差别，我们还是先来看看他们二人的工作表现吧。

有一天，王宇预约的一个客户按时来到公司，找到正在忙碌的王宇。此时的王宇正低头埋在一大堆客户资料中，焦头烂额地分类。看到已经到来的客户，才想起这宗早已预约好的签单业务。

王宇满怀歉意地请客户来到洽谈室，这才发现应该复印的文件和资料以及产品的说明书都还没有准备好，不禁大惊失色，连声道歉，匆忙跑去复印。等一切准备就绪后，王宇发现客户已经十分不耐烦了。

当王宇满怀歉意地向客户介绍产品的性能时，才发现在慌乱中，他把产品说明书复印错了。这次客户没有再等待，而是直接转身离去了。

王宇的懊丧可想而知，但经理没有过多地批评他，只是告诉他，明天李杰也有一个签单业务，让他去看看李杰怎样做的。

第二天，李杰按照预约的时间，笑容可掬地站在洽谈室门前等待客户的到来。客户没有迟到，但还是对李杰的等待多少有些意外。看得出来，这种被重视的感觉让客户心里很满意。王宇不禁想起昨天自己对客户的态度，脸不由得红了起来。

只见李杰不慌不忙地打开文件夹，里面的产品资料、使用说明、文本合同一应俱全。李杰有条不紊地一项一项地向客户介绍产品的情况，并把近期公司举行的优惠活动详细地告诉了客户，并站在客户的角度上提出了一些非常有益的建议。

最后，李杰对客户说："听说贵公司最近又要在西雅图开设一个分公司，我想，贵公司一定在短期内还要引进我们公司的设备。如果您愿意的话，可以在这次订货中一起购置所需设备。这样，不仅可以因数量多而有更多的优惠，而且可以省去一些不必要的装运费用，你看怎么样？"客户显然是动心了，马上给总公司的负责人打了电话，当得到肯定的答案后，将最初要订100万美元的货物增加到了200万美元。

王宇在一旁看得目瞪口呆，怎么也想不到会是这样的顺利。

李杰因为一贯都把每项工作都做得很圆满，两年后被提升为部门经理，并得到了公司的嘉奖。

机遇藏于细节中。很多员工像王宇一样，因为没有把一些细节做到位而错失了工作中的大好机会。当然也错过了个人晋升的机会。其实，只有准备充分，后面的工作才能真正达到水到渠成的效果。就像李杰一样，每次会见客户前，把所有可能用到的资料准备好，并提前调查清楚对方公司的实际情况以及最新的动态，尽可能地掌握对方第一手的资料。这样不仅能把自己的工作做好，还能赢得上司的青睐。

其实世界上很多事情就是这样，如果肯动脑子，任何一件看似平常的事都有其可开发之处，而且很多的智慧和发现都来自一些平常的小事，只是你没有发现罢了。那么怎样培养一种能从平常事物中有不平常发现的心态呢？那就是要有一种善于思考的态度，只要勤于思考、仔细观察，就不会让很容易得到的机遇溜走。

只有关注细节，才能真正发现可贵的机遇、创造非凡的结果。小事不能小看，细节方显魅力。处理好细节，才能在平凡的岗位上创造出最大价值，才能成为公司最为看重的员工。

"一次成功的应聘"

独具特色的招聘制度，是保证企业招募到理想人才的一个重要的前提。优秀的企业都把招聘人才当作一项长期而重要的任务来完成，所以越来越多的企业都非常重视招聘这一环节，招聘的手段也是五花八门、层出不穷。而现在企业都很重视对细节的考察，因此细节也就在某种程度上决定了你的竞争力。

有个年轻人去微软公司应聘，而该公司并没有刊登过招聘广告。见总经理疑惑不解，年轻人用不太娴熟的英语解释说自己是碰巧路过这里，就贸然进来了。

总经理感觉很新鲜，破例让他一试。面试的结果出人意料，年轻人表现糟糕。他对总经理的解释是事先没有准备，总经理以为他不过是找个托词下台阶，就随口应道："等你准备好了再来试吧。"

一周后，年轻人再次走进微软公司的大门，这次他依然没有成功。

但比起第一次，他的表现要好得多。而总经理给他的回答仍然同上次一样："等你准备好了再来试。"就这样，这个青年先后5次踏进微软公司的大门，最终被公司录用，成为公司的重点培养对象。

也许，我们的人生旅途上沼泽遍布，荆棘丛生；也许，我们追求的风景总是山重水复，不见柳暗花明；也许，我们前行的步履总是沉重、蹒跚；也许，我们需要在黑暗中摸索很长时间，才能找寻到光明；也许，我们虔诚的信念会被世俗的尘雾缠绕，而不能自由翱翔；也许，我们高贵的灵魂暂时在现实中找不到寄放的净土……那么，我们为什么不可以以勇敢者的气魄，坚定而自信地要求自己永不放弃万分之一的可能性。

某著名大公司招聘职业经理人，应聘者云集，其中不乏高学历、多证书、有相关工作经验的人。经过初试、笔试等四轮淘汰后，只剩下6个应聘者，但公司最终只选择一人作为经理。所以，第五轮将由老板亲自面试。看来，接下来的角逐将会更加激烈。

可是当面试开始时，主考官却发现考场上多出了一个人，出现7个应聘者，于是就问道："有不是来参加面试的人吗？"这时，坐在最后面的一个男子站起身说："先生，我第一轮就被淘汰了，但我想参加一下面试。"

人们听到他这么讲，都笑了，就连站在门口为人们倒水的那个老头子也忍俊不禁。主考官也不以为然地问："你连考试第一关都过不了，又有什么必要来参加这次面试呢？"这位男子说："因为我掌握了别人没有的财富，我本人即是一大笔财富。"大家又一次哈哈大笑了，都认为这个人不是头脑有毛病，就是狂妄自大。

这个男子说："我虽然只是本科毕业，只有中级职称，可是我却有着10年的工作经验，曾在12家公司任过职……"这时主考官马上插话说："虽然你的学历和职称都不高，但是工作10年倒是很不错，不过你却先后跳槽12家公司，这可不是一种令人欣赏的行为。"

男子说："先生，我没有跳槽，而是那12家公司先后倒闭了。"在场的人第三次笑了。一个考生说："你真是一个地地道道的倒霉者！"男子也笑了："不，这不是我的倒霉，而是那些公司的倒霉。这些'失败'积累成我自己的财富了。"

这时，站在门口的老头子走上前，给主考官倒茶。男子继续说："我很了解那12家公司，我曾与同事努力挽救它们，虽然不成功，但我知道错误与失败的每一个细节，并从中学到了许多东西，这是其他人所学不到的。很多人只是追求成功，而我，更有经验避免错误与失败！"

男子停顿了一会儿，接着说："我深知，成功的经验大抵相似，容易模仿；而失败的原因各有不同。用10年学习成功经验，不如用同样的时间经历错误与失败，所学的东西更多、更深刻；别人的成功经历很难成为我们的财富，但别人的失败过程却是！"

男子离开座位，作出转身出门的样子，又忽然回过头："这10年经历的12家公司，培养、锻炼了我对人、对事、对未来的敏锐洞察力，举个小例子吧——真正的考官，不是您，而是这位倒茶的老人……"

在场所有人都感到惊愕，目光转而注视着倒茶的老头儿。那老头儿诧异之际，很快恢复了镇静，随后笑了："很好！你被录取了，因为我想知道——你是如何知道这一切的？"

老头儿的言语表明他确实是这家大公司的老板。这次轮到这位考生一个人笑了。

一个人的能力不是一朝一夕就能练成的，它需要长期的实践和经验的积累，在注重对每一个细节的观察中不断地训练和提高。这些也会成为你工作中的竞争资本。

对细节的重视还表现在：绝不放弃万分之一的可能，这样你终归会有所收获；如果轻易放弃一分希望，得到的将是失败。

　　这是一个崇尚开拓创新的时代，人人都渴望能证实自我。正因为如此，我们才应该勇敢地面对失败。失败并不可怕，但由于恐惧失败而畏缩不前才是真正可怕。

　　要战胜失败，就不要放弃尝试各种的可能性。

　　以精益求精的态度，不放弃尝试种种的可能，终会有成果的。

工作中无小事

老子曾说："天下难事，必做于易，天下大事，必做于细。"20世纪最伟大的建筑大师密斯·凡·德罗用一句话来描述自己成功的原因时也说："魔鬼藏在细节之中。"

工作中的细节看起来毫不引人注意，却恰恰是一个人工作态度的最好证明。那些很关注现在工作的员工，总能认真对待工作的任何细节，将工作做到细致入微。也正是由于他们的工作态度，才使他们获得了比别人更多的成长和发展的机会。

人与人之间真正的差别就表现在工作的细节之上。如果一位与你同时进入公司、在同一个岗位上工作的同事比你更受器重，他总是能够拿更多的薪水，得到更快的升职，这时你千万不要心怀怨恨，不要怀疑上司与他的关系，也不要认为他的实力或能力非比寻常。只要留心，你会发现，也许他的业绩都是源于对工作细节的更多关注。

松下公司组织一次公关活动，为了增加互动性，他们在现场设置了客户提问的环节，原来的做法是让文员裁几张白纸了事。可是，在现场，老板看到的却是一沓整齐漂亮的便签，上面还印了公司的标志，措辞礼貌。那次活动举办得十分成功，客户的反映也很好。而功劳自然少不了文员这个注重细节的举动。这件琐碎的小事让这个文员深得老板的赏识，后来，在公司需要新的办公室主任时，老板第一个想到的就是这个文员。

每一个人在工作中都会遇到这样那样的琐事，而多数人采取敷衍了事的态度。也正是因为如此，成功的总是那些对待小事仍然"斤斤计较"的人。所以，要想成为一个好员工，细化工作，把每个环节都做到完美是至关重要的。

我们说把每个环节做到完美是工作的重中之重，是不无道理的，如果工作中的任何一个环节出现一个小小的纰漏，那对全局的影响是巨大的。

同样，在工作中如果不经意地忽略一些细节，也可能付出沉重的代价。

现代职场竞争激烈，每一位员工都面临着"优胜劣汰"的残酷竞争，对细节的疏忽就可能导致淘汰出局。从这个意义上说，注重细节的能力正是一个职业人士在职场中的竞争力。

马克曾是美国西里克肥料厂的一名速记员。尽管他的上司和同事均养成了偷懒的恶习，但马克仍保持认真做事的良好习惯，重视每一项工作。

一天，上司让马克替自己编一本老板西里克先生前往欧洲用的密码电报书。马克不像同事那样，随意地编几张纸完事，而是编成一本小巧的书，用打字机很清楚地打出来，然后又仔细装订好。做好之后，上司便把这本书交给了西里克先生。

"这大概不是你做的吧？"西里克先生问。

"呃……不……是……"马克的上司战栗地回答，西里克先生沉默了许久。

过了几天，马克取代了以前上司的职位。

小小一本电报书，开启了一扇通往成功的门，有时候，决定一个人成败的，不是他做了什么惊天动地的大事，而取决于他有没有把小事做好。小事成就大事，细节铸就完美。于细微之处用心、于细微之处着力，这样日积月累，你的工作才能渐入佳境。

在细节上做足功夫

细节决定成败。在人才高度同质化的今天，能够做大事的人才能引起老板的注意，但在平凡岗位上能够把细节做好的员工同样能引起老板的注意。能够在细节上做足功夫，通过细节凸显自己，也是获得成功的一个办法。

不愿做平凡的小事，就做不出大事，大事往往是从一点一滴的小事做起来的。所以，在小事和细节上多下功夫吧！

苏伦原是某营销公司的业务员，但他仅仅用了三年的时间就攀升为区域营销总监。他是通过怎样的手段让自己在众多同人中脱颖而出的？他快速成长的秘诀在哪里？答案就是细节，在细节上做足功夫。

首先，苏伦的细节处理体现在日常习惯、工作方式和工作态度上。

在日常习惯方面，苏伦首先从形象上体现自己的细节。苏伦不仅有"洁癖"，还很善于"包装自己"。比如，他和客户或上司见面时，头发总是梳理得整齐而亮洁，皮鞋总是擦得锃亮，深蓝色的西服套装搭配协调的领带，总是那么引人注目。此外，他还练就了"推销之神原一平"价值百万的微笑，他知道微笑能缩短人与人之间的距离，尤其是能够缩短与上司之间的心理距离，使自己能在一个会心的微笑和一个善意的眼神中获得领导的肯定与赏识，无形中增强自身的亲和力。仪容是一个人的通行证，服饰得体，仪容大方，让他显得精神百倍、充满自信，也让他看起来更像一个标准的职业营销经理人。这样不仅尊重了别人，也赢得了别人的好感与认同。

其次，在气质上，苏伦通过细节处理也凸显了自己。内在的形象主要指一个人内在的修养，以及通过内在的涵养而表现出来的外在行为。在这方面，苏伦通过学习，不断提升自己的思想及素质修养，比如，通过职业道德、营销规则等学习，强化自己的营销人意识；又通过外在的一些"物化"的东西，提高自身内在的含金量，如谈话时的幽默感，懂得赞美等；他还强化自己良好的职业习惯，如塑造和提升自己的执行力，完成上司交办的各项任务等。即使在日常习惯中也体现了他的组织性和纪律性。

最后，无论遇到多么重大的事情，苏伦从没有请过假，总能身先士卒地冲锋在市场一线，总能在公司需要、业务员需要、客户需要时出现在第一现场，这些不但感动了上司，也得到了上司的厚爱。

许多人在工作细节上做得很好，却往往忽视了日常习惯中的细节，殊不知，日常习惯是自己真性情的流露，其中的细节更能够体现一个人的性格。

连续数年排名世界500强第一位的沃尔玛成功的秘诀是什么？细节制胜。

有一天，沃尔玛总裁山姆·沃尔顿在一家店面巡视，看到一位店员正在给顾客包装商品，随手把多余的半张包装纸、长出来的绳子扔掉了。山姆·沃尔顿微笑着说："小伙子，我们卖的货是不赚钱的，只是赚这一点节约下来的纸张和绳子线。"

沃尔玛从来没有专业用的复印纸，都是废报告纸背面；

除非重要文件，沃尔玛从来没有专业打印纸；

沃尔玛的工作记录本，都是用废报告纸裁成的。

任何时候都要牢记：在细节处下足功夫，我们才能得到最好的结果。

把每一个细节做到完美

我们对于现在的工作，要给予比百分之百再多一点点的关注，这样才能够把工作做到尽善尽美。也就是说，我们要关注工作中的细节，将每一个细节做到最好。这不仅可以让我们脚踏实地地做事，还能够培养工作中的责任感。

天下很多或好或坏的重大结局，都是由一些看来微不足道的小事引发的。关键的小事，可能很快引发重大结局。挽救败事，应当小心谨慎，如同驾驭临近悬崖的烈马，不能轻挥一鞭，把每一个细节都做到完美。

实际上，把每天工作中的小事做好就是展示你不平凡的最好机会。商店的售货员将每一件商品擦得干干净净，公交车司机让自己的车保持整洁，书店的营业员把书架上的书摆得整整齐齐，这样的小事，天天坚持下来，就会变成一种习惯。当你习惯了把自己工作中的每一个细节做得尽善尽美的时候，你就已为自己的前途储存了更多的资本，也就能够更快地到达你理想的殿堂。

在日本东京奥达克余百货公司的一天下午，售货员彬彬有礼地接待了一位来买唱机的女顾客。售货员为她挑了一台未启封的"索尼"牌唱机。事后，售货员清理商品发现，原来是错将一个空心唱机货样卖给了那位美国女顾客。于是，立即向公司警卫做了报告。警卫四处寻找那位女顾客，但不见踪影。经理接到报告后，觉得事关顾客利益和公司信誉，非同小可，马上召集有关人员研究。当时只知道那位女顾客叫基泰丝，是一位美国记者，还有她留下的一张"美国快递公司"的名片，据此仅有的线索，奥达克余公司公关部连夜开始了一连串接近于大海捞针的寻找。一连打了35个紧急电话，向东京各大宾馆查询，毫无结果。后来又打了国际长途，向纽约的"美国快递公司"总部查询，深夜接到回话，得知基泰丝父母在美国的电话号码。接着，又给美国挂国际长途，找到了基泰丝的父母，进而打听到基泰丝在东京的住址和电话号码。几个人忙了一夜，总共打了35个紧急电话。

第二天一早，奥达克余公司给基泰丝打了道歉电话。几十分钟后，奥达克余公司的副经理和提着大皮箱的公关人员，乘着一辆小轿车赶到基泰丝的住处。两人进了客厅，见到基泰丝就深深鞠躬，表示歉意。除了送来一台新的合格的"索尼"唱机外，又附送著名唱片一张，蛋糕一盒和毛巾一套。接着副经理打开记事簿，宣读了怎样通宵达旦查询基泰丝住址及电话号码，及时纠正这一失误的全部记录。

这时，基泰丝深受感动，她坦率地陈述了买这台唱机，是准备作为见面礼，送给东京婆家的。回到住所后，她打开唱机试用时发现，唱机没有装机心，根本不能用。当时，她火冒三丈，觉得自己上当受骗了，立即写了一篇题为"笑脸背后的真面目"的批评稿，并准备第二天一早就到奥达克余公司兴师问罪。没想到，奥达克余公司纠正失误如同救火，为了一台唱机，花费了这么多的精力。这些做法，使基泰丝深为敬佩，她撕掉了批评稿，重写了一篇题为"35次紧急电话"的表扬稿。

《35次紧急电话》的表扬稿见报后，反响强烈，奥达克余公司因一心为顾客而声名鹊起，门庭若市。奥达克余公司将一桩坏事变成了好事，不仅挽回了公司的信誉，还提高了公司的知名度和美誉度。后来，这个故事被美国公共关系协会推荐为世界性公共关系的典范案例。

假如没有这35次紧急电话，假如没有奥达克余公司竭尽全力的挽救，错售空心唱机货样的小事，势必给公司的利益带来损害，更不会有如此漂亮的结局。

其实，天下很多或好或坏的重大结局，都是由一些看来微不足道的小事引发的。有一首名为"钉子"的小诗："丢失一个钉子，坏了一只蹄铁。坏了一只蹄铁，折了一匹战马。折了一匹战马，伤了一位骑士。伤了一位骑士，输了一场战争。输了一场战争，亡了一个国家。"从关键的小事，可能很快引发重大结局的角度来理解，这首小诗还是很有哲理的。挽救败事，应当小心谨慎，如同驾驭临近悬崖的烈马，不能轻挥一鞭；追求成功，应当勇往直前，就像操纵逆流而上的小船，不可少划一桨。

现代的职场竞争激烈，每一位员工都面临着"优胜劣汰"的残酷竞争，对细节的疏忽就可能导致被淘汰出局。从这个意义上说，注重细节的能力正是一个职业人士在职场中的竞争力。

有时候，决定一个人成败的，不是他做了什么惊天动地大事，而是取决于他有没有把小事做到位。小事成就大事，细节铸就完美。细微之处没有用心地处理好，整体就会受到影响。在每个环节上差一点，最终结果往往是差一截。

成也细节，败也细节

有关专家曾归纳出一条"事故法则"：每起严重的安全事故的背后是29次轻微事故、300起未遂先兆和1000起事故隐患。这些轻微事故、未遂先兆和事故隐患只要稍加留意就可发现，如若在细节上疏忽大意，事故与损失就不可避免。

有一位初出茅庐的毕业生应聘到一家私营企业从事外贸工作，他每天都抱着很大的热情，从一点一滴的小事做起。复印、传真、打电话、接电话等，这些很琐碎的事情他从来都不嫌麻烦。有不懂的地方他总是及时向别人请教。

公司的王经理是搞贸易的行家，所有的股东视他为中流砥柱。有一天早上，王经理叫这位毕业生去银行汇一笔钱给一个客户，这位毕业生接到任务后马上带着准备好的对外付汇材料到银行，赶在下班之前将这笔钱汇给了客户。当时他认真检查了金额、日期、发票、合同，确信没有问题之后交付银行。银行工作人员审核后，依照程序办理购汇付汇。

没想到第二天中午，毕业生就被经理叫到办公室。他的脸色很难看，第一句话就问他："你给香港付款的账号写的是多少？"毕业生马上意识到账号有可能出了问题，仔细对比后，他发现因为账号是客户方面通过短信发给自己的，而他在把账号记下的时候，最后一个数字正好换行，他没有把短信继续翻下去，故而漏掉了最末尾的一个数字。后来通过多方面和银行沟通，在最短时间内把这笔钱汇到了客户的账号上。

由于资金没有及时到账，导致客户那边不能按时发货，损害了公司信誉，也造成很大的经济损失。

这件事情说明，有时候尽管你为一件事情做了99%的努力，但也许仅仅因为1%的疏忽，前面的努力都会归零，甚至成为负数。这就是忽视细节的一大后果。

我们常说"见微知著"，指的就是通过细节可以洞悉大的方面。在工作中，许多小小的不起眼的细节你都要注意，否则它会影响你事业的成败。

一个小小的细节错误，可能造成严重的经济损失，甚至引起不必要的法律纠纷。

2001年12月，戴尔电脑公司在自己的网站上将产品的价格误登，一款正常售价为229美元的音箱被标注为24.95美元，并且该信息在网站上刊登了将近一个星期。由于获得大量订货，订单数一度超过库存数量而被迫取消了部分订单。戴尔公司不得不按照错误的价格为部分顾客发货，而被取消订单者也获得了可用于购买软件及外围设备的10%的折扣券。

如果说像戴尔公司这样因为小错误而引起严重后果只是偶然现象的话，那么很多"日常小事"实际上都在严重影响着网站的最终效果。英国一家研究机构的调查资料表明，英国很多大型公司在企业网站的建设和维护方面尽管花费了数以百万英镑计的资金，但真正有用的网站却寥寥无几，所投入的资金几乎等于浪费。

细节致败或制胜的例子可谓是举不胜举。

不要认为做大事不需拘小节，事实是，往往大事都败在小节上。多做一点，或者多关注一些细节，并不是一件困难的事情，困难的是把它养成一种习惯。优秀的员工，都应该具备这种习惯。

第九章

让自己融入
公司的环境

实现自身的进步和促进公司的成长是每一位员工义不容辞的责任，只有不断成长的员工才能为公司创造更大的价值，只要你也是这样去想去做，你就会成为公司的支柱。如果你能够将自己的身心彻底融入公司，尽职尽责，处处为公司着想，把公司当成自己的家，那么，任何一个老板都会将你视为公司的骨干。

公司就是你的船

公司兴，员工兴；公司衰，员工衰；只有你为公司做得更多，公司才能为你做得更多。如果每一个员工都以这种心态工作，关心公司，效忠公司，把公司利益和个人利益结合为一体，个人努力为公司工作，公司也做大了，那么公司抵御风险的能力增强的同时，员工也就成功了。

迈克尔·阿伯拉肖夫是美国导弹驱逐舰本福尔德号的舰长。1997年6月，当迈克尔·阿伯拉肖夫接管本福尔德号的时候，船上的水兵士气消沉，很多人讨厌待在这艘船上，甚至想赶紧退役。

但是，两年之后，这种情况彻底发生了改变。全体官兵上下一心，整个团队士气高昂。本福尔德号变成了美国海军的一只王牌驱逐舰。

迈克尔·阿伯拉肖夫用什么魔法使得本福尔德号发生了这样翻天覆地的变化呢？概括起来就是一句话："这是你的船！"

迈克尔·阿伯拉肖夫对士兵说："这是你的船，所以你要对它负责，你要让它变成最好的，你要与这艘船共命运，你要与这艘船上的所有人共命运。所有属于你的事，你都要自己来决定，你必须对自己的行为负责！"

从那以后，"这是你的船"就成了本福尔德号的口号。所有的水兵都觉得管理好本福尔德号就是自己的职责所在。

公司就是你的船。只要我们上了公司之船，我们的命运就和这艘船捆绑在一起了，一荣俱荣，一损俱损！这艘船就是我们共同的船。船的命运就是我们的命运，船的未来就是我们的未来。如果哪一天，船不幸倾覆了，我们所有的人都会葬身大海。船能否正常行驶与我们每一个人生死相关。我们要把自己的未来交给自己的船，使它变得更加强大繁荣。

公司就是你的船。公司的命运和每一名员工是分不开的。每个人都需要认清自己的位置，充分发挥主人翁精神，树立"企兴我荣，企衰我耻"的意识。主人翁精神发挥好的企业会是一个同舟共济、充满朝气的企业；相反，主人翁精神发挥不好的企业，只是一个机械化的运作车间，迟早会迷失在市场经济的大潮中。

公司就是你的船，每个人上了船，也要有"过门"的心态，在内心树立"这是我们的公司"的意识，把自己放在公司主人翁的位置上。

A公司推出了新的产品，需要更新品牌，公司所有员工都为更换品牌的事情忙得不亦乐乎。其中有一个小插曲，公司在全国有七八十面的路牌广告全部要更换刷新。有一天，公司负责品牌传播的小王跑来跟总经理说，他认为有一笔3万元的经费可以省下来，因为这七十几块路牌大小都不一样，本来是要找广告公司来帮公司做出七十多种图档，要花3万元，其实我们内部的美工加班加点做个一两天，就可以做完，那这笔钱就可以省下来了。

在这个品牌更换的过程当中，公司花的钱很多，这一笔钱早就是在预算内的，可是小王想到节省这个问题，小王在主人翁精神的驱使下，提出了这样的提议。

主人翁精神对于一个企业的竞争力来讲，是非常重要的。如果每一个人都有主人翁精神，都把公司内部的事当作自己的事来做的话，公司无形当中会产生强大的竞争力。大家会把所有可能的成本降低，包括信息的成本、合约的成本、监督的成本、实施的成本，都可以大幅度地下降；对于公司的发展，大家也能够献计献策，对自己的工作，也能够尽职尽责，这一切，都保证了企业的竞争力。

看过电影《泰坦尼克号》的人都会有很深刻的印象。当船出现了问题以后，乘客多是慌慌张张地逃生，而船上的工作人员呢，从船长到水手，都在有条不紊地开展各种救生的工作，或是发SOS求救信号，或是放救生艇、救生筏，或是指挥各方营救妇女儿童先上救生艇。当能够实施的措施都用完了之后，船长则整理好自己的制服，回到他的办公室，与其他誓死恪守自己岗位的船员，安静地选择了与泰坦尼克号同生死、共命运！

当然，在现实中我们应当把公司设想为一条满载幸福和希望，开往充满阳光和鲜花的彼岸的船，无论你是什么职务，你和船长都是一样，一起担负着与舰船共存亡的责任。如果你是船上的大副，那么你可以在船长不在的情况下努力编写航海日志，认真履行船长交给的任务。即使船长没有交代任何任务，作为一名大副，你也要担当起责任来，去努力协调各个部门，做好舰船的维护和保养工作。既然我们都是这条舰船上的船员，它是我们战斗和生活的地方，那么自觉地维护这条舰船，保障我们的生命不受到威胁，就是我们神圣的使命。

有人曾说，一个优秀的员工应该永远学会为两件事负责：一件是为目前所从事的工作负责，另一件则是为以前所从事的工作负责。如果我们真正地做到了这一点，那么就一定会成功。因为我们在以自己负责的精神替未来做准备。如果我们能对现在的工作负责，就一定能够让自己手中的工作做得更出色，一定就会更快地接近成功。总之，我们应该认真负责地处理好自己每天的工作，并时刻提醒自己："我们在自己的公司里为自己做事。只有我们为公司做得更多，我们自己才能收获更多。"只有这样，才能干好每一项工作，让自己每天取得一定的进步。

与公司共命运，因为这是你的船！作为公司的一员，不管你是司机、推销员，是会计，还是库管员；也不管你是技术开发人员，还是部门经理；哪怕你仅仅是一名清洁工，只要你在公司这条船上，你就必须和公司共命运。你必须和所有的公司员工同舟共济，乘风破浪，驶向你们的目的地。

只要你是公司的员工，你就是公司这条船的主人。你必须以主人的心态来管理、照料这条船，而不是以一种乘客的心态袖手旁观。

记住：在这船上，你是主人，而不是一个乘客！

将公司利益放在第一位

如果问一些老板最害怕遇到什么样的员工，相信这样的一群人必定名列其中，他们是这样的：做事永远只看到自己的好处，目光短浅。在这些人的心目中是没有大局的概念的，也不会有公司这个团队的位置。

当我们的个人利益与公司的整体利益发生冲突时，我们究竟该如何抉择呢？是坚守住自己的一点小利益还是顾全大局为整体发展做出自己的牺牲？这个问题的答案足以考验我们对公司的忠诚度。公司有时会因为一些需要，而调整战略部署与市场策略，但并不一定全告诉全体员工决策的原因。尤其是公司高层的考虑并不见得能得到所有人的理解和支持，此时我们需要做的就是绝对服从、全力配合公司的整体行动。

微软公司的麦克尔曾经历了这么一次严峻的考验。

1984年的元旦是世界计算机史上一个影响深远的里程碑，在这一天，苹果公司宣布它们正式推出首台个人电脑。

这台被命名为"麦金塔"的陌生来客，是以独有的图形"窗口"为用户界面的个人电脑。"麦金塔"以其更好的用户界面走向市场，从而向IBM的PC个人电脑发起攻势强烈的挑战。

比尔·盖茨闻风而动，立即制定相应的对策，决定放弃"卓越"软件的设计。而此时，麦克尔和程序设计师们正在挥汗大干、忘我工作，并且"卓越"电子表格软件也已初见雏形。经过再三考虑，比尔·盖茨还是不得不做出了一个心痛的决定，他正式通知麦克尔放弃"卓越"软件的开发，转向为苹果公司"麦金塔"开发同样的软件。

麦克尔得知这一消息后，百思不得其解，他急匆匆地冲进比尔·盖茨的办公室："我真不明白你的决定！我们没日没夜地干，为的是什么？我们的竞争对手就是在软件开发上打败我们的！微软只能在这里夺回失去的一切！"

比尔·盖茨耐心地向他解释事情的缘由："从长远来看，'麦金塔'代表了计算机的未来，它是目前最好的用户界面电脑，只有它才能够充分发挥我们'卓越'的功能，这是IBM个人电脑不能比拟的。从大局着眼，先在'麦金塔'取得经验，正是为了今后的发展。"

看到自己负责开发研究的项目半路夭折，麦克尔不顾比尔·盖茨的解释，恼火地嚷道："这是对我的侮辱。我绝不接受！"

年轻气盛的麦克尔一气之下向公司递交了辞职书。无论比尔·盖茨怎么挽留，他也毫不松口。不过设计师的职业道德驱使着他尽心尽力地做完善后工作。

麦克尔把已设计好的部分程序向"麦金塔"电脑移植，并将如何操作"卓越"制作成了录像带。

之后，他便悄悄地离开了微软。

麦克尔回到家里，仔细想了想，虽然嘴上说不回微软，但他的内心不仅留恋微软，而且更敬佩比尔·盖茨的为人和他天才的创造力。

第二天，他出现在微软大门时，比尔·盖茨才算彻底松了一口气："上帝，你可总算回来了！"

感激之情溢于言表的麦克尔紧紧拥抱住了早已等候在门前的比尔·盖茨，此后，他专心致志地继续"卓越"软件的收尾工作，还加班加点为这套软件加进了一个非常实用的功能——模拟显示，比别人领先了一步。

微软公司的竞争对手金瑞德公司也绝非无能之辈，它也意识到了"麦金塔"的重要意义，也为其开发名为"天使"的专用软件，而这才是最让比尔·盖茨担心的事情。

微软决心加快"卓越"的研制步伐，抢在"天使"之前，成功推出"卓越"系列产品。半个月后，"卓越"正式研制成功，这一产品在多方面都远远超越了"天使"软件，而且功能更加齐全，效果也更完美。因此，产品一经问世，立即获得巨大的成功，各地的销售商纷纷上门订货，一时间，出现了供不应求的局面。

此后，苹果公司的"麦金塔"电脑大量配置卓越软件。许多人把这次联姻看成是"天作之合"。

而金瑞德公司的"天使"比"卓越"几乎慢了3周。这3周就决定了两个企业不同的命运。随后的市场调查报告表明："卓越"的市场占有率远远超过了"天使"。

黑格尔曾说过一句非常深刻的话："譬如一只手，如果从身体上割下来，名虽可叫作手，实已不是手了。"这句话表明了部分脱离了整体，已经不能保持其属性了。

员工与企业的关系犹如手和身体，不能只看到自己，而应站在更高的角度关心企业的发展，要有统观全局、服从全局的先进思想，要有将企业利益放在第一位，追求整体效应的思想。

一个将企业利益放在第一位的员工，能给他人以信赖感，让企业乐于接纳，在赢得团队和老板信任的同时，更为自己职业生涯带来莫大的益处。

主动做公司需要的事

著名企业家奥·丹尼尔在他那篇著名的《员工的终极期望》中这样写道："亲爱的员工，我们之所以聘用你，是因为你能满足我们一些紧迫的需求。如果没有你也能顺利满足要求，我们就不必费这个劲了。但是，我们深信需要有一个拥有你那样的技能和经验的人，并且认为你正是帮助我们实现目标的最佳人选。于是，我们给了你这个职位，而你欣然接受了。谢谢！

在你任职期间，你会被要求做许多事情：一般性的职责，特别的任务，团队和个人项目。你会有很多机会超越他人，显示你的优秀，并向我们证明当初聘用你的决定是多么明智。

然而，有一项最重要的职责，或许你的上司永远都会对你秘而不宣，但你自己要始终牢牢地记在心里。那就是企业对你的终极期望——永远做非常需要做的事，而不必等待别人要求你去做。"

这个被奥·丹尼尔称为终极期望的理念蕴含着这样一个重要的前提：企业中每个人都很重要。作为企业的一分子，你绝对不需要任何人的许可，就可以把工作做得漂亮出色。无论你在哪里工作，无论你的老板是谁，管理阶层都期望你始终运用个人的最佳判断和努力，为了公司的成功而把需要做的事情做好。这也是作为一名员工的最高职责。

在心中树立起主人翁意识和责任感，主动去做公司发展需要的事，不单纯是对企业的奉献，其中最大的受益者还是自己。

在很多人眼里，都觉得刘利的运气特别好。

她的专业在这个行业里并不占什么优势，长相一般，能力也并不出类拔萃，但她进公司后短短的两年时间里，在每一个部门都做得有声有色，每一次调动都令人刮目相看。关于她的崛起，有各种各样的说法，大致上都有这么一点，大家觉得是好运气眷顾了她，给了她得天独厚的机会，否则她凭什么从人事部文员到营销部经理，一路绿灯，一路凯歌呢。只有她自己清楚，机会是怎么得来的。

进这家大公司的时候，专业优势不明显的她先被分到人事部，做一个并不起眼的文员。那个部门，能言善道、八面玲珑的女孩子和深谙权术、势利平庸的男人层出不穷。她不惹是非，只是恪尽职守。不过偶尔露露峥嵘，比如，发现了别人输错了数据，她悄悄地就修正了，并不大肆渲染；领导让她做什么，她就竭尽所能，总是在第一时间做到让人无可挑剔。别人扎堆抱怨工作百无聊赖，老板苛刻，地铁太挤时，她在悄悄熟悉公司的部门、产品以及主要客户的情况。

有一次营销部经理偶尔经过她的办公室，看到她处理一件小事情时表现出的得体和分寸感，就打报告要求她去顶他们部门的一个空缺。

营销部令她的世界骤然广阔起来。同原先一样，她的特色就是默默地努力。半年后，她的几份扎实的调查分析报告，为她赢得了一片喝彩。一年后，她已经是营销部公认的举足轻重的人物了，看到她在会议上气定神闲、无懈可击的发言，让行政部的同事大跌眼镜。

刚刚荣升公司经理不久，老板请她喝茶，问她愿不愿意接受挑战，去情况并不乐观的北方公司。

刘利选择了库存积压最厉害的第一销售处，开始了她的第一步工作。寒风瑟瑟的冬天，她一个人借了一辆自行车，找代理公司产品的代理商，了解产品滞销的原因。几个月后，情况就开始明显改善了。

不知情的人，当然以为她这两年走红运，哪里知道她一天下来腰酸背痛的艰辛。

第一张大单子是去拜访某局长时，偶然听到他同业内另一位局长在打电话，谈论第二天去某风景点开会的消息。刘利回公司后做的第一件事情，就是查了他们在那里入住的酒店。第二天傍晚，一身旅行装束的刘利与局长们相遇在酒店大堂里，她是来自助旅游的，虽然醉翁之意不在酒，但谁也没有看出来，或者说年长的局长们涵养好，不忍心揭穿她。

几天下来，他们邀请她一起参加活动，唱歌、打牌、聚餐。再后来，认识她的人同她关系更密切了，不认识她的人也慢慢接纳她了，她的客户名单上增加了强势的一群人。第一张大单子就在半年后出现在这群人中。

关于机会，刘利最有感触：机会来的时候，并不会同你打招呼，告诉你，我来了，千万不要错过我啊。不疏忽平时的每一个点滴，做好每一件不起眼的小事，就是在为自己创造最佳的机会。

和刘利不同，很多在职场中的人，只是被动地应付工作，为了工作而工作，他们在工作中没有投入自己全部的热情和智慧，他们只是在机械地完成任务，而不是创造性地、自觉自愿地工作。这样缺乏责任感和主动性的员工，是无法做好自己的工作的。

如果公司的员工只做老板吩咐的事，老板没交代就被动敷衍，糊弄自己的工作，那么这样的公司是不可能长久的，这样的员工也不可能有大的发展。今天，对于许多领域的市场来说，激烈的竞争环境、越来越多的变数、紧张的商业节奏，都要求员工不能事事等待老板的吩咐。

拿你所在的公司和众多的竞争者比较一下吧。你将发觉，从产品到服务，从技术水平到销售渠道和营销战略，无不大同小异。

那么，在众多的经营要素中，是什么决定了一家公司蒸蒸日上而另一家公司步履维艰呢？是人——在工作中有主见，勇于承担责任，能够主动去做公司需要的事的人。

为客户服务、解决某个问题、协助自己的同事、提出省钱的建议、想出好点子或改进流程，这些是每位员工天天都需要做的事。

如今，上级和下属之间壁垒森严、泾渭分明的模式早已过时。今天的工作关系是一种伙伴关系，是置身于其中的每一分子都积极参与的关系。在工作或者商业的本质内容发生迅速变化的今天，坐等老板指令的人将越来越力不从心。他们必须积极主动，自觉地去完成任务。员工比任何人都清楚如何改进自己的工作。再也没有人比他们更了解自身工作中的问题，以及他们为之提供服务的顾客的需求。他们所拥有的第一手资料和切身体验是大多数高层管理人员所欠缺的，后者离问题太远，只能从报告中推断出大致的情况。只有各个层级的员工保持热忱，随时想想自己如何把工作做得更好，公司才能对顾客的需求有更好、更及时的回应，才能在达到目标方面更具竞争力。员工也只有这样，才能够在公司发展中尽到自己应尽的职责。

认同感：和公司一同成长

我们经常可以见到这样的员工，他们在谈到自己的公司时，使用的代名词通常是"他们"而不是"我们"；这是一种缺乏责任感的典型表现，这样的员工至少没有一种"我们就是一整个儿"的认同感。

只有我们真正忠于公司，把它当作我们的家、我们生存与发展的平台，才会发自内心地爱它、尊重它、认同它的价值。认同公司的价值、理念，从某种意义上来讲就是自我认同、自我敬重。

管理学家迪尔与甘乃迪注意到这种现象："如果员工知道他们的公司代表什么，知道他们所拥护的标准是什么，就能作出支持这些标准的决策，也会认为自己是企业里重要的一员，他们会因为在公司工作对他们具有意义而受到激励。"当员工的价值观和公司的价值观步调一致时，员工的生活就会更好，对工作的取向比较乐观，压力程度也会减轻。

企业价值观为企业的生存和发展提供基本的方向和行动指南，为企业员工形成共同的行为准则奠定了基础。李维休闲服公司的总裁汉斯说："一家公司的价值观——它所代表的，以及它的员工所信仰的——对它的竞争力至为重要。事实上，是价值观在驱动事业的发展。"

如果我们能从价值观上保持和公司一致，那么也会由衷地认可、关心它的发展。

上海某企业是一个充满朝气的团队，员工平均年龄只有28.3岁，这家企业也是一家年轻的企业，却创造了巨大的社会效益和经济效益。这个团队之所以有这么旺盛的生命力，就在于企业关爱每一位员工的发展和进步，每一位员工也都深爱着自己的企业，也关爱着和自己朝夕相处的同事。

在这个企业成立8周年的庆功宴上，一位员工深情地说："企业是一个大家庭，我就是她的孩子，我喜欢这个家庭，并喜欢其中每一个成员，在这8年风雨同舟的共处中，我对这个家庭产生了深深的依恋和热爱，她以母亲般的宽容，关爱着她的每一个孩子。8年来，我们和企业在彼此的关爱中，共同成长、共同进步。我愿意为企业分担责任，我忠诚于我的企业，这是我对企业的回报，也是对企业深深的爱和支持。"

有一位老员工曾这样自嘲："我们永远是海底的沙子。但我却认为，我们是金子，是钻石，只要你为自己作出准确的定位，无论在哪里都会发出你最美的光辉。我是这么想的，我相信我们每一位同事都是这么想的。"

认同公司的基础是接受公司，然后才是热爱。

试问，一个对自己所奉献的公司都不接受的人，又如何做到忠诚和热爱呢？

接受公司、认同公司绝不是靠外力强加于自己的，而是你自己人生价值的一种需要，这种积极心态在成功企业里表现得非常突出，很多员工在第二天就要离开公司的情况下，前一天依然会很认真地做好自己的工作。在美国许多公司会有推荐馆，专门用来介绍跳槽员工的工作情况。由此可见，如果你否定你所任职过的任何一家公司，那就意味着否定你自己。

在沃尔玛，员工有一个著名的称谓——"合伙人"。一方面，沃尔玛把公司领导称为公仆，而另一方面又把员工称为合伙人，这与许多企业强调管理者的领导地位迥然不同。

为什么会这样呢？这是因为，沃尔玛非常看重员工的责任感和忠诚度，所以，公司以其对员工平等相待的态度来赢得员工对企业的忠诚。沃尔玛员工的工资一直被认为在同行业不是最高的，但是员工却非常忠诚于企业，他们以在沃尔玛工作为快乐，把沃尔玛公司当作自己的家，因为他们在沃尔玛是合伙人。

在沃尔玛总部，一位女士因加入了公司的"利润分享计划"而感到由衷的庆幸，她名叫玛丽，是一名普通的采购员。玛丽很年轻的时候就进入沃尔玛工作，是沃尔玛的老员工。一开始，她的哥哥试图说服她辞去工作，他认为玛丽在沃尔玛以外的任何地方的工资都会比这里高。然而，玛丽留了下来，并成了公司"利润分享计划"中的一员。到了1991年，她的利润分享数字变成了22.8万美元，而她的职位也从原来普通的员工晋升到经理。玛丽很庆幸坚持了自己的意见，没有听从哥哥的话，也很高兴自己对沃尔玛忠心耿耿、尽职尽责。现在她不仅可以拿所挣的钱供她的宝贝女儿上大学，还在沃尔玛公司这个舞台上实现了她的人生目标。

在一个有着卓越企业文化和完善激励机制的企业中，员工和企业是一种互惠共生、共同成长、共同进步的良好关系，员工在享受公司提供的优厚待遇的同时，也会为企业着想，积极为企业未来的发展出谋献策，积极工作。即使企业一时遇到困难，员工也会与老板同舟共济，渡过难关。每个人都知道，只有上下齐心协力，才能使企业在激烈的竞争中立于不败之地，在老板赚取利润的同时，员工的利益才能得到持久的保障。

美国一位著名管理学家认为：在你不满意的环境里工作，你不但不会获得事业上的成功，还会丧失掉生活的乐趣。当你选择工作时，你实际上是在选择一整套价值观，在选择处理人际关系的方式和生活方式，最重要的是你选择了它的企业文化。在一个有着高工资、好待遇、响亮的名声、豪华的大厦的公司里工作固然很诱人，但是如果你不能够认同企业的价值追求，那么这个工作的种种迷人之处很快就会变得毫无意义。

所以，你职业生涯中服务过的任何一家公司，都应该是你的一个荣耀。当你个人的价值观和对自己未来的期待能与企业达成一致时，你就像取之不竭的能量源泉，你会喜欢自己的工作，而不再有弹性疲乏的危机。

归属感：回家的感觉真好

有的人在工作中，自身的能力得不到发挥，原因有很多，欠缺对组织的归属感是其中的主要原因。缺乏归属感的人，是一个丧失了目标和愿景，只会为工作而工作的人，丝毫体会不到在组织中大家为着共同目标奋斗的工作激情。

人力资源专家认为，一个人工作的最大动力不是职位，也不是薪酬，而是来自真心喜欢他的工作与角色所激发出来的自发性和自主性。如果你认同组织的价值和目标，那么你将从融洽的人际环境中感受到工作的独特价值。也就是说，能从团队成员的合作关系中找到工作的意义，由此激发全心全意投入其中的工作积极性。

小李是某大型企业集团生产部门的一名作业员，她的主要工作是负责将翻倒的零件捡起来以确保生产线不会阻塞。这个工作有点像交通警察，不同的是她得整天盯着生产线看。这原本是件非常枯燥乏味的工作，但是当她真正认识到自己是杰出团队的一分子后，她的工作态度有了极大的转变。

她说："以前我总是很骄傲地说我是在联想公司工作，当然了，当别人问到我具体负责什么工作时，我就开始转变话题，因为对我来说，要告诉别人我是生产线作业员很难为情。现在情况完全不一样了，当有人问起同样的问题时，我会说我是团队的一分子，而我们的责任就是，以最合理的成本为全世界的用户制造出品质最好的产品。"

这两种工作态度之间的差异在于，以前小李只是在她单调的工作岗位上埋头苦干，现在她清楚地知道团队的目标，她开始感受到自己工作的意义，努力地提升工作品质与生产力，并且对这样的新角色感到自豪。

不管是一个普通员工，还是一名管理者，既然进入了一家公司，就要把自己的工作和公司的成长壮大紧密结合起来，与公司同生死、共命运。这样，在公司取得重大的发展时，你才会有巨大的荣誉感，否则就是窃取别人劳动成果的"老鼠"。优秀的公司是由优秀的员工组成的，公司会因有你这样优秀的员工而自豪。当公司的发展遇到困难时，你就会感到自己责任重大，为改变公司的窘境而倾心尽力。这样，你才能在公司这艘船上成为一名卓越的员工。

托尼和同学在一个码头的仓库给人家缝补篷布。托尼很能干，做的活儿很精细，他看到丢弃的线头、碎布也要拾起来，留做备用，好像这家公司是他自己的。

一天夜里，暴风雨骤起，一想到露天仓库里的货物，托尼从床上爬起来就冲到大雨中去查看。同学劝不住他，骂他是个傻瓜。

在露天仓库里，托尼细心检查一个又一个货堆，加固一块又一块被掀起的篷布。这时候老板开车过来了，托尼已成了一个水人儿。

老板看到货物完好无损，当即要给托尼加薪。托尼说："谢谢你的好意，但是不用为这件事给我加薪。我只是看看我缝补的篷布是否结实。况且，我就住在旁边，顺便来看看的。"

老板看到他如此有责任心，就让他到自己的另一个公司当经理。

公司开业后，需要招聘几名大学生当业务员。同学闻讯跑来说："给我弄个好差事做做。"

托尼说："你不行，你不会把公司的事情当成自己家的事干。"同学脸涨得通红，说："你真没有良心，这又不是你自己的公司！"托尼说："把公司当成自己的家，把公司的事当成自己的事干，这才算有良心。"

几年后，托尼成了一家公司的总裁，而他的同学，还在码头的仓库里缝补篷布。

公司对于每个人的意义，也许不尽相同，但对于忠诚的员工来讲则是家的感觉。让我们一道来看一则杜邦公司的明星员工是如何对待他的公司的：

如潮的掌声向我涌来。11月24日，我，麦克尔·柯维，美国海军退伍军人，杜邦公司两年工龄员工，正在底特律第二次接受"年度杜邦员工最高成就奖"。

作为一名军人，我已获得了无数的荣誉。而作为一名员工，我也仅用两年就达到了个人职业生涯的高峰。

我出生于美国底特律南郊迪尔本镇一个普通农民家庭，19岁高中毕业就应征入伍。1991年9月1日那天，我穿上了军装，开始了十年的军人生涯。在这十年的军旅生活中，美国海军的"军人之魂"重新塑造了我的性格，彻底改变了我的命运。这对我后来走入工作岗位，并成为一个出色的员工，产生了深远的影响。

现在，我已在杜邦公司工作两年了。在这两年里，我第一年就被评为公司"优秀员工"，并在第二年被评为杜邦公司唯一的"明星员工"。10月份，我幸运地被提升为分公司营业部经理。公司总部的嘉奖令上是这样写的："麦克尔·柯维先生已经把杜邦公司当成了他自己的公司，我们没有理由不奖励麦克尔·柯维先生。确实，这是我们共同的公司。"

把你所工作的公司当作"自己的公司"，这就是我们成就个人事业的最高行为准则。对于那些没有把公司当成家的人，就如同离了群的孤雁一样，永远没有依托，自然也不会从公司大团队中获得鼓励，就更谈不上和公司一起成长了。当然了，每一个致力于持续发展的公司也不会吸收这样的人进来，因为他们不但不会促进公司的进一步成长，还会成为公司进步的阻碍，甚至导致公司受到重创，比如商场上屡见不鲜的泄露公司机密、带走公司重大客户等现象。

第十章

时刻保持
积极心态

俗话说："山不转，路转；路不转，人转。"我国古书《易经》上也说："穷则变，变则通。"面对工作中出现的变故和困难，我们应当时刻保持积极冷静的心态。努力从正面去看待问题，发现机会，这样才能够找到应对困难问题的策略，反败为胜。

好心态成就事业

工作是什么？

工作是上天赋予每个人的使命。把自己喜欢的并且乐在其中的工作当成使命来完成，就能发掘出自己特有的才能。其中最重要的就是要保持一种积极的心态，即使是辛苦枯燥的工作，也能从中感受到它的价值，在你完成使命的同时，就会发现成功之芽正在萌发。

心有多大，成就的事业就有多大；心态有多宽广，你的人生道路就有多宽广。

第一个邮递员说："我在给别人送信。"

第二个邮递员说："我在代表公司服务。"

第三个邮递员说："我在为山区人民传递山内外的信息。"

三种回答代表了三种不同心态。

第一个邮递员我们随处可见，他们终生在为别人送信。

第二个邮递员后来成了美国电话电报公司的总经理，取得了事业上的成功。

第三个邮递员是2005年"感动中国"十大人物之一的邮路投递员王顺友，他的精神感动了全中国13亿人民。

一个人对工作所具有的态度和他本人的性情、做事的才能有着密切的关系。一个人所做的工作，就是他人生的部分表现。所以，了解一个人的工作，在一定程度上就能了解那个人。

如果一个人轻视他自己的工作，而且做得很粗陋，那么他绝不会尊敬自己。如果一个人认为他的工作辛苦，那么他的工作绝不会做好，他也无法发挥特长。在社会上，有许多人不尊重自己的工作，认为工作是生活的代价，是不可避免的劳碌，这是一种错误的观念。

人往往就是在克服困难的过程中，产生了勇敢、坚毅等高尚的品格。常常抱怨工作的人，终其一生，不会有真正的成功。抱怨和推诿，其实是懦弱的自白。

厌恶自己的工作，这是最坏的事情。如果你为环境所迫，而做着一些乏味的工作，你就应当设法从这乏味的工作中找出乐趣来。要懂得，凡是必须做的事情，总要找出其中的乐趣，这是我们对于工作应保持的态度。有了这种态度，无论做什么工作，都会有很好的成绩。

约翰是家乐福连锁超市的收银员，日复一日地重复着几乎不用动脑、没有技巧也不复杂的简单工作。但是，他却让这个简单的工作变得有趣起来。

一天，连锁店经理到店里去，发现约翰的结账台前排队的人比其他结账台多出三倍！经理大声嚷道："多排几队！不要都挤在一个地方！"可是没有人听。顾客们说："我们都排约翰的队，我们想要他的'每日一得'。"一个妇女走到经理面前说："我过去一个礼拜来一次商店，可现在我路过就会进来，因为我想要那个'每日一得'。"

原来，约翰为了使自己单调的工作变得丰富起来，便想出了一个自我鼓励的办法：每天下班回家找一句温馨有趣或发人深省的话作为"每日一得"。他还打印出许多份，在每一份的背面都签上自己的名字，第二天给顾客结账时，顺手把这张纸条放入他们的购物袋中。没想到，这份额外的工作不仅让自己对工作兴趣盎然，还吸引了许多顾客光顾。

相反，如果一个人鄙视、厌恶自己的工作，那么他必遭失败。引导成功者的磁石，不是对工作的鄙视与厌恶，而是真挚、乐观的精神和百折不挠的勇气。

不管你的工作岗位怎样卑微，你都应当有艺术家的精神，应当有十二分的热忱。这样，你就可以从平庸卑微的境况中解脱出来，不再有劳碌辛苦的感觉，你就能使你的工作充满乐趣，而厌恶的感觉也自然会烟消云散。

一个人工作时，如果能以火焰般的热忱，充分发挥自己的特长，那么不论所做的工作怎样，都不会觉得工作辛苦。如果我们能以充分的热情去做最平凡的工作，也能成为最精巧的工人；如果以冷淡的态度去做最重要的工作，也不过是个平庸的工匠。所以，在各行各业都有发展才能、提高地位的机会，在整个社会中，实在没有哪一份工作是可以藐视的。

不论做何事，务必竭尽全力，这种精神的有无可以决定一个人日后事业上的成功或失败。如果一个人领悟了通过全力工作来去除工作中的辛苦的秘诀，他也就掌握了达到成功的原理。倘若能处处以主动的精神来工作，那么即使在最平庸的职业中，也能增加他的权威和财富。

不要使生活太呆板，做事也不要太机械，要把生活艺术化，这样，在工作上自然会感到有兴趣，自然会尽力去工作。

任何人都应该抱持这样一种心态：做一件事，不论遇到什么困难，总要做到尽善尽美的地步。在工作中，要表现自己的特长，发展自己的潜能，不可因工作的卑微而自轻自贱。

打造良好的职业心境

心境决定环境，心境决定着一个人的工作态度和执行效率。在工作中，一个人只有保证了良好的职业心境，才能取得出色的业绩。

心境决定环境！很多时候确实是这样，心境决定着我们的态度，心境决定着我们的效率。好的心境能提高我们执行的效率，提升我们的业绩。

"不喜欢手头正在做的活儿，所以我跳槽了""一年了，我对我的老板受够了，所以想换个工作"……生活中经常听到这样的解释。有些人，每做一段时间就会对手头的工作没有兴趣，觉得乏味、枯燥。

这都是职场新人最容易犯的毛病。

在奥运会上夺得金牌的冠军，接受媒体采访时，说得最多的一句话就是保持了平常的心态。的确，在竞技场上保持平常心态，就能超水平发挥，取得意想不到的成绩。在职场中也是如此，只有保持一种良好的心境，才能取得出色的业绩。

实际上，很多人并不是被自己的能力所打败，而是败给了自己无法掌控的事情。在现实生活中，在激烈的竞争形势与强烈的成功欲望的双重压力下，从业者往往会出现焦虑、欢喜、急躁、慌乱、失落、颓废、茫然、百无聊赖等困扰工作的情绪，各种情绪一齐发作，常常会让人丧失对自身的定位，变得无所适从，从而大大地影响了个人能力的发挥，

使自己的工作能力大打折扣。

因此，我们要使自己在工作中有上佳的表现，首先应使自己能够随时随地保持一种良好的职业心境，对于一名初涉职场的新手来讲，这样做更为重要。

邦迪是麻省理工学院的研究生，毕业后直接进入了埃克森-美孚公司，不久便成为分公司销售经理的候选人。然而，邦迪进入这家公司的第一份工作只是坐在办公室里接听电话、处理文件。虽然毕业于名校，但是由于他从小在农场长大，知道幸福生活来之不易，所以他一直保持着良好的职业心态——干好身边的工作，为明天积累经验。

邦迪从到公司应聘的第一天起，就耐心地做着分内的工作，没有怨言，面试他的人事部官员觉得自己没有选错人，对他的评价很好。一年后，邦迪被派往总部接受培训。如今，他已经是这个跨国公司的一名区域经理了，负责产品的销售和开发。

身在职场，整日周旋在老板与同事之间，如同置身于一个又一个矛盾的旋涡之中，竞争与摩擦在所难免。工作的单调，同事的刁难，排山倒海般的工作安排，使越来越多的人觉得自己的工作难以忍受。事实上，这是错误的职业心态所致。下面我们列出几种常见的错误心态，帮你找到问题的症结所在，帮你找回工作的热情，重塑良好的职业心境。

约翰是一家世界500强公司的部门经理。一次偶然的邂逅让他学会了一种"坐在阳光下"的艺术，这让他第一次能够在忙碌的生活中找回宁静的心境。下面是他对这段宝贵体验的回顾：

在一个二月的早晨，我正匆匆忙忙走在加州一家旅馆的长廊上，手上抱着刚从公司总部转来的信件。

我是来加州度寒假的，但是仍无法逃脱我的工作，还是得一早处理信件。当我快步走过去，准备花两个小时来处理我的信件时，一位久违的朋友坐在摇椅上，帽子盖住他部分眼睛，把我从匆忙中叫住，用他缓慢而愉悦的南方腔说道："你要赶到哪儿去啊，约翰？在我们这样美好的阳光下，那样赶来赶去是不行的。过来这里，好好'嵌'在摇椅里，和我一起练习一项最伟大的艺术。"这话听得我一头雾水，问道："和你一起练习一项最伟大的艺术？""对，"他答道，"一项逐渐没落的艺术。现在很少有人知道怎么做了。""噢，"我问道，"请你告诉我那是什么。我没有看到你在练习什么艺术啊？""有噢！我有。"他说道，"我正在练习'只是坐在阳光下'的艺术。坐在这里，让阳光洒在你的脸上，感觉很温暖，闻起来很舒服。你会觉得内心很平静。你曾经想过太阳吗？"他问道。"太阳从来不会匆匆忙忙，不会太兴奋，它只是缓慢地恪尽职守，也不会发出嘈杂声——不按任何钮，不接任何电话，不摇任何铃，只是一直洒下阳光，而太阳在一刹那间所做的工作比你一辈子所做的事还要多。想想看它做了什么？它使花儿开，使大树长，使地球暖，使果蔬旺，使五谷熟；它还蒸发了水，然后再让它回到地球上来，它还使你觉得有'平静感'。""我发现当我坐在阳光下，让太阳在我身上作用时，它洒在我身上的光线给了我能量。这是我花时间坐在阳光下的赏赐。""所以请你把那些信件都丢到角落去，"他说道，"跟我一起坐到这里来。"我照做了。

当我后来回到我房间去处理那些信件时，我几乎一下子就完成了工作。这使得我还留有大部分的时间来做度假的活动，也可以常"坐在阳光下"放松自己。

生命其实不必一直负重，生活原来可以这么幸福，工作原本可以变得如此轻松。当我们疲惫地工作了一段时间之后，不妨也练习一下这种"坐在阳光下"的放松艺术，为自己的心灵腾出一个安静的空间，让自己体验一下轻松闲适的生活。每天当我们工作太过疲倦，面对生活感到压力重重时，可以观察一下我们喜欢的植物、动物，思考一下自己感兴趣的问题或者只是站在窗口暂时忘记所有的工作，看看蓝天、白云，让思维从外界的一切跳出来。找个时间静静地思考一下，从混乱无常的感觉中解放出来，让整个灵魂得到洗涤和慰藉，让头脑更加清晰灵活，这样我们才能够更加精神抖擞地面对明天的工作。

一般来说，常见的影响情绪的错误职业心态主要有以下四种：

1. 认为工作太简单且没趣

有的人觉得别人的工作既简单又有趣，而自己的工作则太简单且没趣，没法让人喜欢，有的人就会想，能找到一份不重复、不刻板的工作就好了。

其实，大多数工作是重复的，秘书打完一篇稿子又打一篇，医生动完一次手术又动一次，电影明星拍完一个镜头又拍另一个，同样是在重复。开车是重复的工作，有些出租车司机使你的旅途很愉快，有些人却令人感到乏味，到底区别在哪儿？也许有人说，是因为有些司机自己生活得很快乐，所以才会提供很好的服务。恰恰相反，是因为给顾客提供了很好服务，司机们的心情才变得愉悦。

你必须认识到，工作是否枯燥乏味，要看你是否是一个有情趣的人！

2. 觉得自己没有时间享受生活

如果硬把自己的生活分成工作与娱乐两部分，无疑是在跟自己过不去。换一个角度去看待我们的工作和娱乐，两者都是你的生活。爱你的工作就像爱一个人一样，开始的时候可能沉迷在新鲜、刺激中，但长远的爱一定是发自内心的。做自己爱做的事，并不是一边在热带海滩上享受，一边伸手接过工资；而是热爱一件事，并且投入所有的爱、活力和创造力，这样去工作，我们才会做得有尊严。

热爱工作是一种选择，是正确的人生策略。

3. 认为人际关系难处

很多跳槽的人嘴上说是因为不喜欢自己的工作了，或是说总在一个公司做烦了……其实更多是因为在单位里人际关系处理得不好，跳槽就成了逃避问题的唯一方案。但是，你会发现，如果你不提高处理人际关系的能力、不改进你自己，你将要一次次在不同的工作中面对同样一个问题。

你应该从现在开始热爱你的工作，学习提高处世能力，把问题在现状中解除，积累丰富的经验，不断在工作中提高和发展自己。

4. 讨厌老板

要想喜欢上你的工作和同事、老板，你必须改变自己的态度。我们要努力工作，目的不是取悦老板，更不是为了避免老板的监督，而是为了自己。如果一个人对生活、工作都漫不经心，势必会处处不如意，很多事会做不好的。没有哪个老板会让员工百分之百地满意，就像我们自己也无法让别人对我们完全满意一样。但当你成为这家公司的一分子时，就应该做到全力以赴，不该去拉付你薪水的人的后腿。

如果你对老板不满，你所受的苦远远多于你的老板，他最多损失一点钱，而你却失去了热情、自尊及一大段宝贵的生活经历。

爱上你的工作，走出职业倦怠期

当你最初开始一份工作时，你的新鲜感会让你觉得工作很有趣，做起来很有劲。时间一长，就不像你想的那样了，会烦躁，会没有耐心。我们把这个可以叫作疲劳期，他就像一个周期，周一来上班，你可能是很轻松的，因为刚刚过了一个休息日，一大堆的事情忙得你不可开交，到了周五快要放假了，你也会感到轻松，一周的任务就要完成了。而最难过的就是在周三，工作已有些疲劳，离休息日有还有两天。想一想如果我们每周都以这样的心态来上班那么我们的效率会高吗？我们必须调整好心态，做到每天上班都像周一一样，精力充沛。

我们的心态就像是对天气一样，你心情好了即使是在下大雨，你也会觉得今天的天气真好，但是我们的心情不好，即使晴空万里，你也会感觉到很压抑。

小李是北方一所名牌大学的高才生，学的是计算机专业。毕业时，一家国内知名企业执意要挽留他，另外也有几家外资企业要接收他，但是在他心里，还是倾向于旱涝保收的机关单位。经过一番努力，小李终于在一家省直属机关上班。在机关里，上司把他安排在大量数据的统计整理工作之中。这与他学的专业相距十万八千里。小李初进机关的新鲜感明显地减少，变得心灰意冷起来。他工作不断出现失误，而且由于出差时私自旅游而耽误了工作，受到主管领导的严厉批评。几年过去了，小李原来的专业知识不但没有派上多大用场，反而慢慢忘得一干二净了，小李也有想过换个别的工作，但专业的知识现在又忘得差不多了。又过了几年，因为他的工作没有多大起色，机关裁员，小李自然而然地被列入了这一行列。这时他才深切体会到"一招不慎，满盘皆输"的道理。

成功者是会享受工作带来的乐趣而不是在乏味的工作中自暴自弃。

一个人如果不喜欢他的工作，那他就不会对工作付出热情，只是为了赚钱而工作，和一边享受过程，一边赚钱感觉是不一样的。前者只会让你觉得乏味甚至会感到痛苦，可是后者就完全不一样了，你会感受到工作带给你的喜悦，你每完成一项工作后的喜悦。每一次领到薪水后觉得很值得。

盖尔柯是德国西门子公司中国区的第一任营销总监，他为德国西门子公司的电子产品占领中国市场立下了汗马功劳，他本人也因此赢得了很高的荣誉。当记者问他是不是有什么成功的秘诀时，他当时说了这样一段话："秘诀谈不上，我从1983年开始在西门子工作，至今已经干了19年。我始终有一个座右铭，即工作要专心致志，要在从事的工作中寻找乐趣，要有改变现状的决心，要能找到解决的方法，要有实际的行动。近20年来，我一直坚持这样的信念，我在西门子的市场部和产品销售部都工作过，如果说取得了一些成绩，这就是其中的原因。"

其实，人生的价值在于工作，人生的幸福源于工作，没有谁会比那些整天无所事事的人更累、更无聊。

一个人无论从事什么工作，都应该认真对待，真心热爱。只有干好你手头的工作，人生才会有一个完美的结果。爱默生说："一个人，当他全身心地投入自己的工作之中，并取得成绩时，他将是快乐而放松的。但是，如果情况相反的话，他的生活则平淡无奇，且有可能不得安宁。"如果你对工作没有爱，你会快乐吗？你会有更大的成就吗？

在现实生活中，有很多人因为讨厌工作而出现像露茜前期那样的职业倦怠。根据中华英才网最近进行的一项6000多人的网络调查统计显示，有94.2%的人对工作感到厌倦。其中58.6%的受调查者出现了轻微的工作厌倦状态，对工作不再抱有以往的热情；有26.5%的受调查者出现中度的工作厌倦，需要借助休假或跳槽来进行自我调整；还有9.1%的受调查者则表示极度厌倦工作。

出现职业倦怠的原因五花八门，但大都是因为没有感情基础，就像一场迫于无奈的"婚姻"，时时让人觉得像温吞水那样令人觉得有气无力。工作越来越像鸡肋，食之无味，弃之可惜。厌倦已经和职业病一样流行，并且深入骨髓，长此以往，必然会给你的工作带来消极的负面影响。此时最好的办法就是像世界500强员工那样调整好自己的心态，善于发现工作中的美，爱上你的工作，走出职业倦怠的怪圈，到达成功的彼岸。

给自己一片掌声

你在工作中做了很多努力，取得了一定成绩的时候，不妨为自己庆贺一番，这样做，会让你建立起更多的自信。

许多每天从事推销的业务员有这样的经验：如果早上起来，心情不佳，自忖无法应付即将面对的难缠的客户时，便会将成功率高的客户作为首先拜访的对象，待做成几笔交易，自信心培养充分以后，再去拜访其他较难缠的客户。这种方式不但可使心情由阴郁变开朗，还可以确保一天的业绩。实际上，他们所需要的，正是一种能充实自信心的成就感。优秀的500强员工都善于培育自信心，即使在无人喝彩时，也懂得给自己一片掌声。

他们在找到了自己的目标后，总是以强烈的进取精神千方百计地去创造条件、去实现目标，从而大大增加自己成功的机会。即使遇到挫折，他们也会积极进行分析，调整自己的心态，去进行新一轮的努力。而当事情有了进展，他们往往能充分肯定自己的已有成就，并以此来增强自己前进的勇气。

人生来就需要得到鼓励和赞扬。许多人作出了成绩，往往期待着别人来赞许。其实光靠别人的赞许还是不够的，何况别人的赞许会受到各种外在条件的制约，难以符合你的实际情况或满足你真正的需要。要保护自己的自信心和成功信念，不妨花些时间，恰当地给自己一些奖励。

有一位美国作家，他是靠着为报社写稿维持生活的。他给自己定了一个目标，每周必须完成两万字。达到了这一目标，就去附近的中国餐馆饱餐一顿作为奖赏；超过了这一目标，还可以安排自己去海滨度周末。于是，在唐人街和海滨的沙滩上，常常可以见到他自得其乐的身影。

英国畅销书作家劳伦斯·彼德曾经这样评价一些著名歌手：为什么许多名噪一时的歌手最后以悲剧结束一生？究其原因，就是因为在舞台上他们永远需要观众的掌声来肯定自己。但是由于他们从来不曾听到过来自自己的掌声，所以一旦下台，进入自己的卧室时，便会备觉凄凉，觉得听众把自己抛弃了。

给自己一片掌声，绝不同于自我陶醉，而是为了强化自己的信念和自信心，更正确地评估自己的能力和人格。

你在工作中取得了成就的时候，千万别忘了给自己颁奖。当你对自己说"你干得好极了"或"那真是一个好主意"时，你的内心一定会被这种内在的诠释激励。而这种成功途中的欢乐，确实是很值得你去细细品味的。成功的信念需要有成就感来充实，请记住：别忘了给自己颁奖！

克制怨气，填充积极元素

曾经看过这样一个故事：女儿对她的父亲抱怨，说她的生命是如何如何痛苦、无助，她是多么想要健康地走下去，但是她已失去方向，整个人惶惶然，只想放弃。

父亲拉起女儿走向厨房。

他烧了三锅水，当水烧开了之后，他在第一个锅子里放进萝卜，第二个锅子里放了一颗蛋，第三个锅子中则放进了咖啡。

父亲微笑着解释道："这三样东西面对相同的逆境，也就是滚烫的水，反应却各不相同，原本粗硬、坚实的萝卜，在滚水中却变软了，虚烂了；这个蛋原本非常脆弱，它那薄硬的外壳起初保护了它液体似的内容物，但是经过滚水的沸腾之后，蛋壳内却变硬了；而粉末似的咖啡却非常特别，在滚烫的热水中，它竟然改变了水。

父亲问道："你是什么？当逆境来到你的面前，你作何反应呢？你是看似坚强的萝卜，但痛苦与逆境到来时却变得软弱，失去力量吗？或者你原本是一颗蛋，有着柔顺易变的心？你是否原是一个有弹性、有潜力的灵魂，但是却在经历死亡、分离、困境之后，变得僵硬顽强？也许你的外表看来坚硬如旧，但是你的心和灵魂是不是变得又苦又倔又固执？

"或者，你就像是咖啡？咖啡将那带来痛苦的沸水改变了，当它的温度升高到一百多摄氏度时，水变成了美味的咖啡，当水沸腾到最高点时，它就愈加美味。如果你像咖啡，当逆境到来，一切不如意时，你就会变得更好，而且将外在的一切转变得更加令人欢喜。

你是让逆境摧折你，还是你来转变，让身边的一切人事物感觉更美好、更良善？"

在职场上，有许多人是"萝卜"，在遇到困难的时候就会变得软弱、消极，因此，职场需要积极元素，这样才能带动个人乃至整个团队的发展。

在职场上，保持积极上进，上下一心才能在激烈的竞争中保持不败之地。

下面的故事也讲述了拥有积极心态的重要。

有个国王独自在花园里散步。花园的景象使他万分惊异，所有的花草树木萎蔫凋谢了，一片荒凉。国王从园丁那里了解到：橡树是因为自己没有松树那么高大挺拔而厌世轻生，死了。松树又因怨恨自己不像葡萄藤能结那么多果子，也死了。葡萄藤也哀叹自己终日必须匍匐在架上，既不能直立，又不能开出像桃树那样美丽可爱的花朵，也死了。牵牛花因为叹息自己没有紫丁香那样芬芳也病倒了。其余植物也都在那里垂头丧气，自怨自艾。

国王突然发现最细小的心安草仍在茂盛地生长。便问道："小小的心安草啊，我真佩服你。所有植物全都悲观厌世了，你这棵小草为什么这样勇敢，一点也不沮丧呢？"

心安草答道："国王啊，我一点也没有灰心，一点也没有失望。我虽然算不了什么，但我明白：国王您如果想要有一棵橡树、一棵松树、一丛葡萄藤，或者桃树、牵牛花、紫丁香什么的，你就会叫园丁去把它们种上。而我知道您只是要求我安心地做小小的心安草。所以我就心满意足地在这里。

无论在什么样的岗位上，只有保持积极的心态，才能在自己的岗位上取得骄人的成绩。一名优秀的员工在职场立于不败之地的法宝便是积极的心态。